페미니즘

데버라 캐머런 지음 | 강경아 옮김

FEMINISM

페미니즘

데버라 캐머런 강경아

일러두기

1. 이 책은 영국의 PROFILE BOOKS에서 펴낸 Feminism(이하 영국판)을 저본으로 하여 번역했다.

2. 이 책의 주석은 미국의 THE UNIVERSITY OF CHICAGO PRESS에서 펴낸 Feminism(이하 미국판)의 주석에 영국판의 REFERENCES와 FURTHER INVESTIGATIONS에 실린 내용을 덧붙여 정리했다. 영국판과 미국판의 본문 내용에 차이(미국판에는 미국 역사 및 현 상황을 언급한 예시가 추가됐다)가 있기에, 저본으로 삼은 영국판의 본문에서 다루지 않은 부분의 주석은 생략했다.

3. 외래어 표기는 국립국어원의 외래어표기법을 따랐지만, 한국어판에서 외래어표기법을 따르지 않은 저자명 등은 미주에서 그대로 표기했다.

4. 이 책에서 언급한 문헌의 제목과 쪽수 표기는 한국어판 완역본 출간명을 기준으로 했다. 다만 인용구는 한국어판 번역을 따르지 않고 새로 번역했다.

5. 논문·기사·선언문 등은 낫표(「 」), 책은 겹낫표(『 』), 영화 등의 예술 작품은 홑화살괄호(〈 〉), 신문·잡지는 겹화살괄호(《 》)로 표기했다.

차례

서문: 페미니즘이란 무엇인가?

"우리는 모두 페미니스트가 되어야 합니다." 치마만다 응고지 아디치에는 2014년에 출간한 동명의 유명 에세이에서 이렇게 주장했다. 하지만 책이 출간되고 일 년 뒤, 영국 여론조사 기관 유고브YouGov가 시행한 조사에 따르면, 아디치에의 말에 기꺼이 고개를 끄덕인 여성은 많지 않았다. 페미니즘이 여전히 필요하다는 데는 동의했지만, 절반가량의 여성은 "스스로 페미니스트라고 부르지 않겠다"라고 대답했고, 5명 중 1명은 페미니스트라는 단어를 모욕으로 여겼다.[1]

이러한 양면성은 전혀 새롭지 않다. 1938년, 작가 도러시 L. 세이어스는 한 여성학회에서 '여성은 인간인가?'라는 제목의 강연을 열었다. 그녀는 다음과 같은 말로 강연을 시작했다.

여러분 학회의 총무가 제게 페미니스트 운동에 관심을 가져야 한다고 말씀하시더군요. 저는 짜증과 걱정이 조금 섞인 투로 이렇게 답했습니다. 페미니즘으로 시작하는 단어로 '내 정체성을 정의'하고 싶은지 잘 모르겠다고요….[2]

당시 이러한 감정은 일반적이었다. 세이어스와 같은 시대를 살았던 소설가 위니프레드 홀트비가 "1934년에 여성들은 그들에게 정치적, 경제적, 교육적, 도덕적 평등의 기반을 마련해준 과거 150년간의 운동을 왜 발 벗고 나서서 거부하는가?"라고 물을 정도였으니 말이다.[3]

지금과 마찬가지로, 당시 여성들이 자신을 페미니스트라는 단어로 부르기 꺼렸던 이유 중 하나는 그에 따라붙는 부정적인 고정관념을 잘 알고 있었기 때문이다. 아주 오랫동안 '페미니스트'라는 단어는 여성들을 까다롭고 여성스럽지 못한 남성 혐오자로 깎아내리는 데 쓰였다. 게다가 세이어스의 글은 영국 여성이 남성과 같은 조건으로 투표할 권리를 얻은 직후에 나온 것이었다. 참정권을 얻은 이후의 세대에게 페미니즘은 구식인 데다 무의미하고 아무런 효용이 없다고 인식되었다. (이와 비슷한 인식은 50년 뒤, 1980년대와 1990년대의 젊은 여성들이 어머니 세대의 '여성해방운동'을 거부하고, 미디어 평론가들이 '페미니스트 이후'의 시대가 도래했다고 선언하면서 다시 등장한다.)

위니프레드 홀트비가 던진 물음에 대한 또 다른 대답은 '페미니즘'의 의미를 어떻게 받아들이느냐에 따라 페미니즘에 보이는 태도가 달라질 수 있다는 것이다. '페미니즘'이라는 단어를 쓸 때 사람들은 아마 다음 내용의 일부 혹은 전부를 말하는 것일 테다.

○ 관념으로서의 페미니즘: 마리 시어가 말했듯, 페미니즘은 "여성도 사람이라는 급진적 개념"이다.[4]

○ 집단적 정치 활동으로서의 페미니즘: 벨 훅스에 따르면, 페미니즘은 "성차별주의와 그에 근거한 착취·억압을 끝내려는 운동"이다.[5]

○ 지적 체계로서의 페미니즘: 철학자 낸시 하트삭에게 페미니즘은 "질문을 던지고 답을 찾는 방법이자 (…) 분석 모형"이다.[6]

이처럼 각기 다른 의미에는 각자의 역사가 깃들어 있고, 이들이 서로 맞물리는 방식은 꽤 복잡하다.

관념으로서의 페미니즘은 정치적 운동보다 그 역사가 훨씬 길다. 유럽에서 정치적 페미니즘은 보통 18세기 후반에 시작됐다고 본다. 하지만 여성이 부당한 비방에 맞서 자기 성을 변호하는 글쓰기 전통은 그보다 몇 세기나 앞선 시대부터 있었다. 이러한 전통을 열어젖힌 글은 15세기 초, 박학다식한 일반인 프랑스 여성 크리스틴 드피상이 쓴 『여성들의 도시』다. 이 책은 사람의 가치란 "성별에 따른 육체에 있는 것이 아니라, 품행과 미덕의 완성에 있다"라고 말하며, 권위 있는 남성들이 제기한 여성혐오적 주장을 체계적으로 반박했다. 이후 400년간, 그와 비슷한 주장을 펼치는 글이 유럽 곳곳에서 등장했다. 이러한 작가는 상대적으로 많지 않았고, 집단 운동에 소속되지도, 자신을 페미니스트로 칭하지도 않았다(페미니스트라는 단어는 19세기에 들어서야 통용된다). 하지만 그들은 분명히 "여성도 사람이라는 급진적 개념"에 찬성했다. 그들은 여성에 관한 지식을 다루는 남성주의적 편견을 비판하며 사실상 최초의 페미니스트 이론가가 됐다.

도로시 세이어스 또한 여성도 인간이라고 믿으며 이렇게 썼다. "여성은 남성만큼이나 개인적 취향을 지니며, 그러한 개인적 기호와 취향을 지닐 권리가 있는 평범한 인간이다." 하지만 이는 세이어스가 페미니즘을 조직적인 정치 운동으로 받아들이기 망설였던 이유이기도 하다. "모든 인간이 언제나 개인이 아니라 한 계급의 일원으로 여겨진다는 것이 불쾌하다." 이는 페미니스트 정치학의 핵심에 놓인 역설이다. '여성은 남성만큼이나 인간'이라는 주장을 펼치려면, 여성들은 여성이라는 토대 위에 하나로 모여야 한다. 여성은 무척 광범하고 내부적으로도 다양한 집단이기에 이들을 하나로 모으기란 항상 쉽지 않다. 페미니스트는 자유, 평등, 정의와 같은 추상적 관념을 지지하기 위해 연대할 수 있지만, 그러한 관념이 구체적 현실에서 의미하는 바가 무엇인지는 거의 합의를 이루지 못한다. 역사학자들은 페미니즘의 정치적 목적이 다양한 신념이나 관심사와 양립할 수 있을 때만 대중적 지지를 받았다는 점에 주목한다.

19세기에 시작해 20세기 초 정점에 달했던 여성참정권 운동이 그 대표 사례다. 당시 활동가들이 내세운 두 가지 핵심적인 주장은 여성의 본성과 사회적 역할에 관한 서로 다르면서 이론적으로 양립 불가능한 두 관점에 기대고 있었다. 첫 번째 관점은 여성도 남성과 같은 정치적 권리를 마땅히 지녀야 한다고 주장하기 위해 남녀의 유사성을 강조했고, 두 번째 관점은 여성만의 독특한 관심사는 남성 유권자가 적절히 대표하지 못한다고 주장하기 위해 남녀의 차이점을 강조했다. 이해관계와 층위가 서로 다를 뿐만 아니라 때때로 정면으로 배치되는 이들마저 여성을 대변할 정치적 대표를 얻어내자는 이 운동의 목표 아래 하나로 모였다. 예를 들어, 미국에는 여성해방이 인종적 정의도 앞당길 것이라는 믿음을 바탕으로 참정권 운동의 대의를 지지하던 흑인 여성도 있었다. 반대로, 백인 여성에게 참정권을 부여하면 백인 우월주의를 더욱더 공고히 다질 수 있다는 인종차별적 주장을 펼쳐 남부 분리주의자의 환심을 사려던 백인 페미니스트도 있었다.[7] 영국의 참정권 운동가 중에는 보수당, 진보당, 급진당 지지자가 모두 있었는데, 보수당 측 여성은 노동자 계급 남성보다 학식 있고 부유한 계급의 여성이 투표하는 것이 더 마땅하다고 주장하기도 했다. 반면, 사회주의자들이 모든 남성과 마찬가지로 모든 여성에게도 선거권을 주는 것을 옹호한 이유는 그러는 편이 노동계급 전체의 입지를 다지는 데 유리하기 때문이었다.

이처럼 이질적인 이익집단은 모두 여성에게 참정권을 확대하는 것으로 이득을 봤고, 그들이 동맹을 결성할 명분은 그것만으로도 충분했다. 하지만 다른 사안에서는 견해차의 골이 깊었기에 그 동맹이 오래가지 못한 것도 그리 놀랍지 않다. 투표권을 얻고 나자, 여성 간의 이견은 다시금 두드러졌고, '성 연대'는 갈등으로 변모했다. 1930년대 영국에서 여성과 남성의 유사성을 강조하는 페미니스트와 여성만의 차별점을 강조하는 페미니스트 사이의 분열은 '구舊' 페미니스트와 '신新' 페미니스트로 불리는 두 개의 충돌하는 접근법을 낳았다. 구 페미니스트가 남성과의 평등을 쟁취하기 위해 운동했다면(동일 임금과 동등한 고용 기회 등), 신 페미니스트는 아내와 어머니로서 여성의 상황을 개선하는 데 집중했다(남편을 여읜 여성에게 연금이나 가족 수당 지급 등).

이처럼 극단을 오가는 진자 운동은 페미니즘의 역사 속에서 반복됐다. 페미니즘 운동은 계속해서 재발명됐다. 부분적으로는 새 시대의 요구에 부응하기 위해서고, 또 다른 이유는 새롭게 등장하는 세대가 이전 세대와 차별화하길 원하기 때문이다. 이러한 경향은 페미니즘의 역사적 내러티브를 조직하는 한 가지 공통된 방식, 즉 페미니즘은 일련의 '물결'을 거치며 진보했다고 보는 방식을 통해 부각된다. 이 내러티브에 따르면 '제1 물결'은 여성들이 합심해 법적 권리와 시민권을 요구하고 나섰던 19세기 중반에 시작되어 1920년대에 참정권 운동의 성공으로 끝을 맺었다. 1960년대 후반, 미국에서 시작되어(이후 다른 나라까지 급속도로 퍼졌다) 급격하게 증가한 페미니즘 활동은 이전 운동과의 연속성을 강조하면서 19세기 페미니즘의 급진적 요소를 부각하고자 했던 활동가들이 '제2 물결'이라고 불렀다. '제3 물결'은 제2 물결의 접근법과 명백한 대조를 이루려는 1990년대 초반에 등장한 신세대 활동가들이 선언했다. 지난 10년 사이 눈에 띄게 증가한 페미니즘에 관한 관심은 '제4 물결'로 부르기도 한다.

'물결' 모델은 널리 쓰이지만, 수많은 비판을 불러일으키기도 했다. 그중 하나는 과거의 유산이 현재에 여전히 남아 있는데도 새로 등장하는 각 물결은 이전의 것을 대체한다고 느끼게 하여 역사를 지나치게 단순화한다는 비판이다. 제2 물결의 수많은 산물(여성학 수업, 가정 폭력 피해 여성을 위한 쉼터 등)은 현대 페미니즘 토양의 일부분이며, 제1 물결 페미니스트가 여전히 존재한다면 제1 물결 접근법으로 인식될 만한 활동을 펼치는 페미니스트 단체(참정권 운동가인 밀리센트 포셋Millicent Fawcett의 이름을 딴 영국의 포셋 소사이어티 등)도 건재하다. 물결 모델은 각각의 역사적 시기 속 페미니즘을 지나치게 일반화한다는 비판도 듣는다. 물결 모델은 1960년대나 1990년대에 정치적으로 성숙한 모든 여성이 정확히 같은 신념과 걱정거리를 공유하는 양 묘사하지만, 실제로는 그렇지 않다. (앞서 참정권 운동에서 살펴봤듯) 정치적 차이와 이견은 모든 물결과 모든 세대의 여성 간에 존재했다. 세 번째 비판은 물결 모델의 불연속적 내러티브는 마치 페미니스트 활동이 1920년대에 멈춘 뒤 1960년대까지 죽은 듯 잠자고 있었던 것 같은 인상을 주어 활동의 실제 연속성을 가린다는 것이다. 참정권 운동은 그 목적이 달성된 후 끝이 났지만, 여성의 권리를 증진하기 위한 다른 운동들은 여러 장소에서 다양한 형태로 계속됐다.

이는 정치 운동으로서의 페미니즘 역사를 기술하는 작업이 전반적으로 얼마나 어려운지 보여준다. 페미니즘 정치 운동은 언제나 분산적이었고, 얼마간 비정형적이었다. 그 역사는 페미니스트 단체(20세기 초의 참정권 운동가 집단이나 1960년대 중반에 설립된 전미여성기구National Organization for Women, 혹은 영국에서 최근 만들어진 여성평등당Women's Equality Party 등)만의 역사가 아니며, 페미니즘이 추구해온 목표가 담긴 다른 여러 운동도 포함되어야 한다. 노동운동, 협동조합 운동, 평화운동, 환경 운동 등이 그 예다.[8] 여성을 위해 여성이 조직한 자율적인 페미니스트 정치는 18세기 후반의 영국 혁명이나 19세기의 노예제 철폐 운동, 20세기의 시민권 운동, 반전운동, 반식민주의 운동 등 다른 정치 투쟁에서 종종 발전되어 나오기도 했다. 이러한 운동에 참여하면서 자신의 상황을 억압적인 것으로 보게 된 일부 여성은 그 운동에서 빠져나와 페미니스트 단체를 꾸리기도 했다. 나머지 이들은 기존의 운동에 남아 있기로 선택했지만, 그렇다고 그들이 페미니스트가 아니었다고 할 수는 없다.

서문 앞머리에 열거한 페미니즘의 의미 중, 지적 체계라는 세 번째 뜻으로 페미니즘을 이해한다면, 그 역사의 흐름을 그리기란 훨씬 더 복잡해진다. 페미니즘은 철학 사조나 이론 흐름의 전형('실존주의'나 '후기 구조주의' 등)에 꼭 들어맞지 않는다. 페미니즘은 모두가 고개를 끄덕이는 위대한 사상가의 정전에만 집중하지 않기 때문이다. 메리 울스턴크래프트의 『여권의 옹호』(1792)와 시몬 드 보부아르의 『제2의 성』(1949)처럼 현대 페미니스트 사상사의 토대로 널리 알려진 이론적 문헌이 몇 개 존재하기는 하지만, 그 이외의 저작으로 모든 페미니스트가 동의할 목록을 만들기란 무척 까다로울 것이다. '페미니즘'이라는 단어 앞에는 종종 '흑인', '사회주의', '자유주의', '급진', '교차성' 등(이것이 전부가 아니다)의 전치 수식어가 따라붙는다. 어떤 범주는 서로 반대되거나 반대되는 것처럼 보이는 한편, 일부 범주는 겹쳐지기도 하기에 한 개인 페미니스트는 여러 범주에 관여할 수 있다. 페미니스트 사이의 이견은 어떤 문제에 관해서는 비교적 적을 수 있지만, 또 다른 문제에서 극명하게 드러나기도 한다.

이제껏 살펴본 바에 따르면, "페미니즘이란 무엇인가?"라는 물음에 관한 내 대답은 '복잡한 것'이라는 뻔한 말로 요약할 수 있다. 페미니즘은 그 역사적 형태와 정치적, 지적 내용이 모두

다면적이고 다양하다. 서로 다를 뿐 아니라 양립 불가능한 여러 신념과 관심사 들은 페미니즘이라는 하나의 우산 아래에 한데 모인다(물론 그 신념의 일부는 자신을 페미니스트로 생각하지 않는 이들이 추구하기도 한다). 이 신념들을 하나로 묶어주는 원칙, 즉 스스로 페미니스트라 칭하는 모두가 동의할 만한 기본 원칙 같은 것이 존재하는가? 이러한 물음에 수많은 작가는 그런 것은 존재하지 않는다며, 우리는 단수 '페미니즘'이 아니라 복수 '페미니즘들'에 관해 얘기해야 한다고 답했다. 보편화하려는 시도 끝에 탄생한 정의들은 대개 너무 개괄적이어서 도움이 되지 않는다. 예를 들어, "페미니즘은 사회 내 여성의 지위를 바꾸려는 적극적 욕망"이라고 정의 내린다면, 그 즉시 의문점이 고개를 든다. "여성의 지위를 무엇에서 무엇으로 바꿀 것인가?"(명백한 반反페미니스트 단체들 또한 "사회 내 여성의 지위를 바꾸려는 적극적 욕망"을 표현하는 것으로 볼 수 있기에, 이러한 정의는 비판에 직면할 수 있다.)

이 책에서 나는 페미니즘(들)의 복잡성을 톺아보고 탐구할 것이다. 아무리 복잡하다고 한들 논의의 시작점이 필요하기에, 나는 앞서 나열한 아주 포괄적인 정의보다 조금 더 유익한 최소한의 정의를 언급하는 것부터 시작하겠다. 확실히 페미니즘은 각양각색의 형태로 나타나지만, 그 모두는 다음의 두 가지 근본적 믿음에 기초한다.

1. 현재 여성은 사회에서 예속 상태에 있다. 여성은 여성이라는 이유로 부당함을 겪고 체계적 불이익을 받는다.
2. 여성의 예속은 불가피하지도 않으며, 바람직하지도 않다. 이는 정치적 행동을 통해 바뀔 수 있고, 바뀌어야만 한다.

사회에서 여성은 왜 예속 상태에 놓이는지, 그들의 예속은 어떻게 유지되는지, 누가 그로부터 이익을 얻는지, 그 결과는 무엇인지에 관해 페미니스트들은 다양한 관점을 취한다. 그 견해가 얼마나 다르건 간에, 그들은 모두 여성의 예속이 실재하며, 기록된 인간 사회 대부분에서 어떤 형태로건 존재해왔다는 데 동의한다. 반면, 반反페미니스트는 여성의 예속 상태에 이의를 제기할지도 모른다. 오늘날 남성 인권 운동 지지자 중 일부는 현대 서구 사회에서 지배적인 성은 여성이 되었다고 주장한다. 어떤 반페미니즘 이데올로기는 여성의 예속 상태를 인정하지만, 이는 신 그리고/혹은 자연이 정해준 질서라며 정당화하기도 한다. 그러한 정당화를 거부하는 것도 페미니스트의 또 다른 기본 원칙이다. 여성의 지위를 어떻게 바꾸고 싶은지에 관한 의견은 페미니스트마다 다를 수 있지만, 변화가 필요하다고 믿으며, 변화가 가능하다고 생각한다는 점은 같다.

비록 여기서 '여성'이라는 포괄적인 용어를 썼지만, 그렇다고 '여성'이 모두 똑같은 불의와 불이익을 겪는 단일하고 동질적인 집단이라고 이해해선 안 된다. 현대 페미니즘의 흐름은 대부분

킴벌리 크렌쇼Kimberlé Crenshaw가 '교차성intersectionality'이라고 이름 붙인 원칙을 포함하고 있다. 교차성이란 여성의 경험은 그들의 성별뿐만 아니라 인종, 민족, 섹슈얼리티, 사회 계급 같은 사회적 지위와 정체성 등 다른 측면의 영향도 받는다는 사실을 인정하는 태도를 일컫는다.[9] 성차별과 인종차별처럼 각기 다른 지배와 예속 체계는 교차해 서로 다른 집단의 여성에게 서로 다른 결과를 가져다주며, 드물지 않게 그들 간의 이해 충돌을 빚어낸다. 페미니스트는 여성의 예속 상태가 모든 여성에게 부정적인 결과를 가져다준다고 믿지만, 모든 경우에 같은 결과가 따르는 것은 아니다.

교차성의 원칙은 하나의 사회 안에서 서로 다른 위치에 놓인 여성 간의 관계를 사유하는 한 가지 방법을 제공해준다. 하지만 우리는 다양한 국가와 지역에 있는 여성의 상황도 고려해야 한다. 우리는 전 지구적 세계에 살고, 오늘날 페미니즘은 전 지구적 운동이다. 이후 장에서 이러한 점을 언급할 테지만, 이처럼 짧은 책에서 페미니즘의 모든 지역적·국가적 형태를 제대로 다루기란 불가능하다.[10] 따라서 나는 20세기와 21세기의 서구(더 정확히는 영미) 페미니즘에 집중할 것임을 밝힌다. 서구 페미니즘은 그 자체로도 다양한 내면을 지닌 전통(전 지구적으로 생각해야 할 필요를 더욱더 일깨워주는 전통)이다. 하지만 이는 유일한 전통이 아니며, (내 위치를 반영한 선택이기에) 내가 서구 페미니즘을 주요 기준점으로 삼는다고 해서 그것이 전 세계 페미니스트의 기준점이라거나 기준점이 되어야 한다고 주장하는 것은 아니다.

페미니즘의 이야기는 복잡한 것투성이다. 모든(혹은 대다수) 여성이 '페미니스트'라는 딱지를 적극적으로 품은 적은 단 한 번도 없으며, 이를 받아들인 여성 간에도 언제나 갈등이 존재해 왔다. 하지만 페미니즘은 살아남았다. 페미니즘에 사망 선고를 내리는 목소리들은 언제나 과장된 것이었다. 오늘날 페미니즘의 핵심 신념인 "여성도 사람이라는 급진적 개념"을 당당하게 반대할 이들은 거의 없다. 하지만 문제는 그러한 신념을 행하는 구체적인 현실에서 발생한다. 이 문제에 관해 페미니스트가 어떻게 답했는지는 앞으로 이 책이 다룰 주제다.

1장 지배 구조

2016년 출간된 나오미 앨더먼의 소설 『파워』는 여성이 남성보다 지배적인 성이고, 예전부터 항상 그래왔다고 여기는 미래 세계를 배경으로 한다. 이 책의 주요 서사는 미래 세계의 한 남성 작가가 쓴 소설로 채워져 있다. 그는 여성 중심의 전통을 타파하려는 목적으로 머나먼 과거의 이야기를 들려준다. 그의 소설에서 여성은 과거에 남성의 지배를 받았다. 하지만 어느 날 갑자기 여자아이들이 체내에 전기를 생성해낼 수 있게 되었고, 그 전기 충격으로 남에게 고통을 주거나 치명상을 입힐 수도 있게 되면서 남성지배를 전복하는 혁명이 시작됐다. 처음에 그들은 자기방어 목적으로 그 힘을 썼다. 하지만 점차 자신의 이익을 위해 힘을 악용했고, 그 힘에 대한 남성의 두려움도 이용했다.

곧 여성은 정부부터 조직범죄까지 모든 것을 장악하게 됐다. 그들은 성적으로 공격성을 띠게 됐고, 자신의 쾌락을 위해 남성을 학대하기도 했다. 여성은 여성의 우위가 당연한 것으로 보이게 하는 새로운 미신도 만들어냈다. 그러면 머잖아, 한때 남성이 권력을 지녔다는 생각은 공상의 산물이자 희망 사항으로 치부될 터였다.

앨더먼의 말에 따르면, 남성에게 이 소설은 그저 가상의 디스토피아일 뿐이다. 그녀가 상상한 세계에서 남성이 겪는 고난은 지금 여기 현실에서 여성들이 견뎌내는 것들과 별반 다르지 않다. 하지만 『파워』는 일반적인 페미니스트들이 꿈꾸는 유토피아의 틀에도 꼭 들어맞지 않는다. 샬럿 퍼킨스 길먼의 『허랜드』(1915)부터 마지 피어시의 『시간의 경계에 선 여자』(1976)에 이르기까지, 페미니스트 사변 소설이 그려내는 이상적 사회는 (남성이 있건 없건) 주로 여성이 자연과 조화를 이루며 평화롭게 살아가는 평등한 세상이다.[11] 그에 비해 『파워』의 세계는 훨씬 현실 세계와 닮았다. 다만, 여성과 남성의 위치만 바뀌었을 뿐이다. 이 소설은 만일 여성이 남성을 능가하는 힘을 갖게 된다면, 이제껏 남성이 그래왔던 것처럼 여성도 그 힘을 악용하게 되는 건 아닐지 질문하게 만든다. 하지만 이러한 가상의 질문을 곱씹어볼수록, 현실의 여성에게는 왜 남성을 능가하는 힘이 없는지 궁금해진다. 성별 우위가 있는 곳이라면 어디든 예외 없이 남성이 여성을 지배하고 있다. 우리에게 이는 너무나 자명해 보인다. 앨더먼이 그리는 미래에서는 남성에 대한 여성의 지배가 당연하게 여겨지듯 말이다. 여성이 남성을 지배하는 사회가 존재한 적이 있기나 할까? 허구나 신화가 아닌 현실에서 그런 사회가 존재할 수 있을까?

이 질문을 페미니스트와 많은 이들은 한 세기도 더 넘게 논의해왔다. 이번 장에서는 그중 몇몇 작가의 주장을 가져와 그들이 말하는 남성지배의 기원을 알아보고, 시간이 지나 그 형태가 어떻게 변했으며, 무엇 때문에 오늘날에도 유지되고 있는지 살펴볼 것이다. 그에 앞서 '남성지배적'인 사회란 무엇이고, 무엇이 아닌지 명확하게 밝힐 필요가 있다.

남성지배 일반에 관해 얘기하면 '모든 남자가 그런 것은 아니다'라는 반박과 마주하곤 한다. 또, 일부 남성의 행동은 일반화해 모든 남성을 비난하면서, 똑같이 끔찍한 짓을 저지르는 여성에 대해서는 눈감아버리는 페미니스트의 태도가 어떻게 정당화될 수 있냐는 질문이 빗발친다. 그렇기에 페미니스트가 말하는 남성지배나 가부장제(문자 그대로는 '아버지의 지배'라는 뜻이지만, 페미니스트는 주로 남성지배와 동의어로 사용한다)는 남성 개개인의 태도나 의도, 행동에 관한 논의가 아니라는 사실을 확실히 짚어야 한다. 페미니스트가 말하는 남성지배는 사회구조에 관한 것이다. 남성지배/가부장적 사회는 법률·정치·종교·경제 구조나 제도가 남성을 여성보다 우위에 두는 곳이다. 특정 권리와 특혜를 스스로 포기하는 개인 남성이 있을 수도 있지만, 그렇다고 해서 남성의 집단적이고 구조적인 지배가 사라지지는 않는다. (노동자를 잘 대우하는 자본가가 있을 수도 있지만, 그렇다고 해서 자본주의가 불평등과 착취에 뿌리를 둔 체제라는 사실이 바뀌지 않는 것과 비슷하다.) 철학자 존 스튜어트 밀John Stuart Mill은 1851년에 해리엇 테일러Harriet Taylor와 결혼하며, 법에서 지정한 남편의 권리를 부인에게 절대 행사하지 않겠다는 서약서를 작성했다. 하지만 이는 법적 효력이 없었기에 밀은 원한다면 언제라도 그 서약을 철회할 수 있었다. 그의 결혼 생활은 진정으로 평등할 수 없었을 것이다. 결혼 생활에서 테일러의 지위는 온전히 밀이 테일러를 어떻게 대하기로 마음먹는지에 달려 있었기 때문이다. 이처럼 진정한 평등이란 개인의 도덕성의 문제가 아니라, 구조의 문제다.

구조적인 남성지배는 어떤 모습일까? 짧게 답하자면, 다양하다. 어떤 문화에서나 똑같은 형식도 아니고, 시간이 흘러도 변함없이 고정된 형태 또한 아니다. 하지만 남성지배 사회는 다음의 특징 중 일부 또는 전부를 포함할 가능성이 크다.

○ 남성은 정권이나 지도부를 독점하거나 지배하고, 정치적 의사 결정에서 여성보다 더 많은 발언권을 지닌다.
○ 남성은 여성에게는 없는 권리를 법적으로 보장받는다.
○ 남성은 여성보다 더 많은 경제적 자원을 소유하거나 통제한다.

○ 남성은 가정 내에서 여성을 직접 통제할 권한을 지닌다. 이러한 권한은 법적, 종교적, 관습적으로 인정받는다.

○ 남성의 활동, 직업, 문화적 산물, 사상, 지식은 여성의 것보다 더 중요하게 여겨진다.

○ 남성은 폭력을 행사하거나, 행사할 것이라고 협박해 여성을 통제하고 위협한다.

각 사회는 이러한 특징을 서로 다른 방식으로 드러내고, 드러내는 정도도 다르다. 또, 한 사회의 특성은 시간이 지나며 크게 바뀌기도 한다. 존 스튜어트 밀이 살았던 시대의 영국은 모든 기준에서 확연히 남성지배적이었다. (물론 여전히 남성과 동등하진 않지만) 오늘날 영국 여성들은 예전보다 정치계에서 더 많이 대변되고 있으며, 여성의 경제적 지위도 많이 향상됐다. 이제 여성은 남성과 동등한 법적 권리를 지니고, 남성은 더는 아내와 딸을 통제할 직접적인 권한이 없으며, 법적으로 승인받지도 않는다. (하지만 오늘날에도 여전히 가정 폭력이 만연하고, 몇몇 지역사회에서 '명예'라는 이름으로 폭력이 자행되는 것을 보면, 일부 남성은 여전히 전통적 특권을 주장할 권리가 있다고 생각하는 듯하다.) 같은 시대 속 같은 사회에서도 구조적 성 불평등은 서로 다른 집단의 여성에게 다른 영향을 미친다. 예를 들면, 영국 내 여성의 전반적인 경제적 지위는 1950년 이후 향상됐지만, 그 이득은 공평하게 분배되지 않았다. 세대, 계급, 인종, 혹은 교육 수준, 자녀

유무 여부가 다르면 여성 간에도 명백한 차이가 발생하기 때문이다.

차이는 남성 사이에도 있다. 그렇다면 한 사회를 '남성지배적'이라고 부르는 것이 어떤 의미인지 묻게 된다. 모든 남성이 모든 여성보다 더 많은 권력과 부, 자유, 지위를 가진다는 뜻일까? 이에 대한 답은 '아니오'다. 계급, 인종/민족 등 다양한 요소로 계층화된 사회에서는 정치적·경제적 권력에서 배제되는 남성도 많을 테고, 사회적 지위가 높은 여성은 낮은 계급의 남성을 능가하는 권한을 지니기도 한다. 예를 들어, 노예 소유주의 아내는 남성 노예에게 명령을 내릴 수 있다. 또, 영주의 아내는 남편의 영지에서 일하는 남성 소작농보다 지위가 높다. 하지만 봉건제나 대농장 체제에서 가장 지위가 높은 여성일지라도 언제나 남편의 권위에 복종해야 한다. 이와 같은 원칙은 다른 계급에서도 마찬가지로 적용된다. 즉, 소작농은 집 밖에서 영주의 부인을 받들어야 하지만, 집에서는 아내가 자신을 받들어주리라 기대한다.

이처럼 여성과 남성 간의 불평등이 사회구조의 모든 층위에서 재생산된다는 사실은 여성 간의 차이를 논의할 때 종종 간과되는 지점이다. 한 할리우드 여성 슈퍼스타가 영화에 공동으로 출연한 남성 배우보다 임금을 두 배나 적게 받았다고 문제를 제기하면, 일부 페미니스트는 그녀가 벌어들이는 엄청난 수익의 아주 작은 일부만으로도 수백만 여성의 인생이 바뀔 수 있다며 그녀가 지닌 특권을 돌아보라고 촉구할 것이다. 이는 일견 타당한 지적이지만, 여성과 남성의 불평등이 사회 층위마다 존재한다는 사실을 놓치고 있다. 나는 백만장자의 성비 문제가 페미니스트 정치의 최우선 의제가 돼야 한다고 주장하려는 게 아니다. 하지만 그렇다고 해서 할리우드 A급 배우(와 기업가, 금융인)의 성별 임금격차가 페미니스트의 관심사가 되어서는 안 된다는 뜻도 아니다. 성별 임금격차는 체제의 맨 꼭대기부터 아래까지 퍼져 있고, 위의 사례는 남성지배가 구조적 문제라는 또 다른 증거다. 당연하게도 우리는 임금격차가 하층 여성에 미치는 영향에 더 많은 관심을 기울이고 있고, 마땅히 기울여야 하지만, 궁극적으로는 체제 전체를 해체해야 한다. 이것이야말로 많은 페미니스트가 여성 간의 차이를 인식하고 관심을 기울이면서도 남성지배 혹은 가부장제라는 보편 개념을 고수하는 이유다.

하지만 나는 이 장을 시작하면서 제기했던 물음, 즉 남성지배가 얼마나 보편적인가에 대해 아직 답하지 않았다. 남성지배는 고금을 막론하고 모든 사회에 있는 것일까? 아니면 여성이 지배적이거나, 어떤 성도 지배적이지 않은 예외적인 사회도 있었을까? (전부는 아닐지라도) 많은 페미니스트는 어느 성도 지배하지 않는 평등한 사회는 있지만, 여성이 지배하는 사회는 없다고 말할 것이다. 물론, 모든 성 위에 군림하며 막강한 권력을 행사하는 러시아의 예카테리나 대제 같은 전제군주처럼 여성이 통치하던 사회도 있었다. 하지만 여성 군주가 있는 전제정체와 구조적 여성지배 사회는 같은 개념이 아니다. 그리고 여성지배 사회에 관해 남아 있는 구체적 역사 기록은 없다. 이때 질문이 생긴다. 여성지배 사회가 존재하지 않는 현상을 어떻게 설명할 것인가?

이러한 현상을 설명하는 한 가지 전통적인 방식은 생물학적 결정론에 기대는 것이다. 생물학적 결정론에 따르면, 남성지배는 자연적인 성적 차이로 생긴 피할 수 없는 결과다. 즉, 여성이 남성을 지배하는 게 아니라, 남성이 여성을 지배하는 것(암묵적으로 늘 그래왔다)은 남성이 여성보다 더 크고, 강하고, 공격적인 데다, 인간의 재생산 활동에 따른 제약을 덜 받기 때문이라는 것이다. 이처럼 가장 기초적인 형태의 생물학적 결정론은 당연한 상식 수준에서 주장되기도 하지만, 더 정교하고 과학적인 형태를 띠기도 한다. 진화론자들은 남성지배(또는 그 근거가 되는 남성의 공격성이나 경쟁심 같은 특질)는 유전자를 후손에게 물려주려는 양성 모두의 이익을 실현하기 위해 발달했다고 주장한다. 그들에 따르면 재생산에 더 많은 시간과 에너지를 투자하는 여성은 남성의 부양과 보호를 받는 대가로 성관계를 제공함으로써 번식 성공률을 극대화할 수 있다. 여성 본연의 역할은 지배하는 것이 아니라 양육하는 것이다.

이는 페미니스트 대다수가 지지하지 않는 주장이다. 생물학적 결정론은 남성의 지배와 여성의 종속을 벗어날 수 없는 자연의 섭리로 보지만, 페미니즘은 인간의 사회체제란 변할 수 있다고 믿기 때문이다. 이러한 명제를 믿는 많은 페미니스트(와 마르크스주의자처럼 생물학적 결정론의 반대자)는 가부장제의 역사적 기원에 관해 고민해왔다. 이들은 가부장제에도 역사가 있다는 사실을 내보일 수 있다면, 즉 가부장제가 탄생한 시기, 장소, 이유를 알 수 있다면 가부장제를 인간의 필수 조건으로 받아들이지 않아도 된다고 생각했다. 그전에 다른 무언가가 있었고, 또 다른 무언가로 대체될 수도 있다는 것이다.

가부장제의 기원을 재구축하는 작업은 그리 간단하지 않다. 증거가 한정적인 데다 해석하기도 어렵기 때문이다. 선사시대 조상의 삶에 관한 증거는 특히 더욱 그렇다. 그런데도 수많은 학자가 고고학, 인류학, 고대사학, 신화학 연구에 기대 그러한 재구축 작업을 시도해왔다. 스위스 학자 요한 야코프 바흐오펜Johann Jakob Bachofen과 미국 인류학자(이자 이로쿼이족과 함께 생활한 적 있는) 루이스 헨리 모건Lewis Henry Morgan 같은 사람들이 19세기에 최초로 이러한 설명을 제시했다. 두 학자는 모두 가부장제가 가모장제를 대체하며 자리 잡았다고 주장했다. 가모장제란 사회조직의 한 형태로, 문자 그대로 '어머니의 지배'라는 뜻이다. 초기의 인간 사회는 혼음이나 집단혼이 규제되지 않았기에 자손의 부계 체제를 확립하기가 불가능했다고 여겨진다. 따라서 선사시대 사회는 (여성 쪽 혈통이 이어지는) 모계사회였고, 사회의 기본 단위는 자매와 그 자녀를 중심으로 여성이 이끄는 씨족이었다. 가부장제는 이러한 모계 체제가 부계 체제로 전환되면서 탄생했다. 부계 사회에서 자매들은 흩어져서 남편의 씨족과 함께 살게 되고, 그 자손도 남편의 씨족에 귀속된다.

부계 사회로 전환이 일어난 이유에 관해 가장 그럴싸한 답을 내놓은 초기의 시도는 프리드리히 엥겔스가 1884년에 출간한 『가족, 사유재산, 국가의 기원』에 담겨 있다. 이 책은 마르크스주의적 접근을 통해 초기 학문을 사적 유물론의 틀 안에 위치시키며 이렇게 말한다. "역사를 결정하는 요인은 (…) 우리가 맞닥뜨린 삶의 필수 요소들의 생산과 재생산이다." 엥겔스가 말하는 '삶의 필수 요소'에는 두 가지가 포함되는데, 첫째는 "음식, 의복, 주거지와 같은 생존 수단의 생산과 그러한 생산에 필요한 도구들"이고, 둘째는 "인간 자체의 생산, 즉 종족 번식"이다. 어느 시대, 어느 장소에서나 전반적인 사회조직은 노동력이 조직되는 방식과 가족이 구성되는 방식을 반영한다.

엥겔스의 설명에 따르면 가부장적 가족은 '생존 수단의 생산 양식'이 변화하면서, 즉 (가축을 번식시키고 기르는) 목축이 발달하면서 출현했다. 목축은 씨족에게 풍요를 가져다준 동시에, (주로 가축을 기르던) 남성에게 더더욱 중요한 역할을 부여했다. 남성은 그들의 새로운 지위를 남용해 그들의 재산을 자손에게 물려줬다. 이로써 바흐오펜이 '모권제'라고 이름 붙인 전통적 체제가 '부권제'로 대체됐다. 엥겔스는 이러한 부권제의 도입을 일컬으며 그 유명한 "여성의 세계사적 패배"라는 말을 남겼다. 엥겔스는 그 결과, "여성은 지위를 박탈당하고 예속 상태에 놓

이게 되었으며, [남성] 육욕의 노예이자 아이 낳는 도구로 전락했다"라고 썼다.[12]

역사학자 거다 러너는 1986년에 쓴 『가부장제의 창조』에서 엥겔스와는 조금 다른 주장을 펼친다. 그녀는 가부장제의 출현이 (농업이라는) 새로운 생산양식의 발달과 연관성을 지닌다는 엥겔스의 주장에 동의하지만, 자손에게 재산을 물려주겠다는 남성의 바람 때문에 여성이 예속되게 됐다는 주장에는 반박한다. 대신, 러너는 남성이 여성과 아이 그 자체를 재산으로 바꿔놓았다고 주장했다. 이러한 현상은 새로운 생산양식이 탄생하면서 더 많은 노동력이 필요해졌기 때문에 일어났다. 아이를 더 많이 낳으려면 공동체는 더 많은 가임 여성이 필요했고, 때때로 이웃 집단에서 여성을 납치해 노예로 만들어 그 필요를 충족하기도 했다. 러너는 "노예가 된 여성과 아이는 최초의 사유재산이다"라고 말한다.

1980년대의 다른 페미니스트들은 가부장적 원칙을 따르지 않는 현대의 여러 사회에 주목하며, 남성지배가 생물학적 성차로 빚어진 불가피한 결과가 아니라는 사실을 보여줬다. 때때로 '가모장제'로 부르기도 하는 이러한 사회는 여성지배 사회와는 다르며, 외려 성평등 사회라고 할 수 있다. 그들의 주장이 얼마나 신빙성 있는지는 페미니스트 인류학자들 사이에서도 논쟁거리다.[13] 일부 학자들은 성적으로 평등하다고 여겨지는 사회에서도 고위 공직이나 의례적 역할을 차지하는 쪽은 남성이라는 점을 지적하며, 남성지배가 실로 보편적이라고 말한다(예를 들어, 여성을 '씨족 어머니'로 두는 이로쿼이족에서도 부족 대표자는 남성만 될 수 있었다). 하지만 다른 학자들은 가모장제에서도 여성과 남성의 역할이 구분되어 있어서 남녀가 완전히 똑같거나 상호 대체 가능한 일을 수행하지는 않았지만, 그들의 역할과 노동의 산물은 동등한 가치로 평가됐으며, 어떤 성도 다른 성에게 착취당하거나 조종당하지 않았다고 말한다.

성평등 사회의 모습이 가장 뚜렷하게 드러나는 사례는 특유의 전통적 삶의 방식을 고수해온 수렵채집사회다. 여러 연구에 따르면, 이러한 사회 속 여성과 남성은 일반적으로 공동체의 존속에 똑같이 이바지하고, 의사 결정에 똑같이 참여하며, 비슷한 수준의 개인적, 성적 자유를 누린다. 일부 사회에서는 일상생활에서도 양쪽에 차이가 거의 없다(여성은 절대 사냥이나 낚시를 하지 않는다거나, 남성은 절대 채집 활동을 하지 않는다는 말은 사실이 아니다). 수렵채집인은 위계질서를 두지 않는다는 측면에서뿐만 아니라, 협동과 공유 정신, 특정 개인이 권력을 잡는 데 대해 강한 반발심을 적극적으로 기른다는 측면에서도 평등하다(이러한 규범을 침해하는 개인에게는 공동체 차원에서 다양한 제재를 가했다). 남성지배가 자연선택의 산물이라는 익숙한 주장에 반발하는 몇몇 연구자는 인류 여명기에 남성지배가 부재했다는 사실이 초기 인류의 생존에 유리하게 작용했을 수도 있다고 주장한다.[14]

이처럼 성평등 사회가 존재한다는 사실은 남성지배가 자연의 보편 섭리가 아니라는 점을 일깨워주지만, 인류학 문헌 속 사례들은 복잡다단한 현대사회를 살아내는 페미니스트에게 그리 유용한 모델이 되어주지 못한다. 실제로 성평등 사회의 사례들은 가상의 페미니스트 유토피아나 대안적 삶의 방식을 실험해보는 시도에도 커다란 영향을 미쳤다(예를 들어, 마지 피어시의 소설『시간의 경계에 선 여자』에 등장하는 평등 사회인 매타포이세트는 왐파노아그족의 모계 중심 사회를 기술만 진보한 형태로 그대로 옮겨놓은 것처럼 보인다). 하지만 그렇다고 해서 모두가 수렵채집이나 원예 활동을 하는 사회로 돌아갈 수도 없고, 그러길 원하는 이들도 거의 없다. 많은 페미니스트의 목표는 21세기의 자연조건으로 존재하는 남성지배를 서서히 줄여서 종내에는 뿌리 뽑는 것이다. 그러한 목적을 달성하려면 가부장제의 기원을 증명해 보이는 일보다 현재 가부장제의 형태를 분석하는 일이 더 중요하다. 확실히 가부장제는 문명의 여명기뿐만 아니라 엥겔스의 글이 나온 1880년대에도, 그리고 페미니스트 논쟁이 일었던 1970~1980년대에도 형태가 변했다.

실비아 월비는『가부장제 이론』에서 영국과 같은 사회의 가부장제는 지난 세기에 '사적' 가부장제에서 '공적' 가부장제로 서서히 그 형태가 바뀌었다고 지적한다. 월비가 말하는 '사적' 가부장제란, 여성이 개인 남성에게 직접 지배받는 체제를 말한다. 즉, 가정이나 가족 같은 사적 영역에서 남편, 아버지, 남자

형제의 지배를 받는 것이다. 이러한 풍경은 1880년대에 엥겔스가 바라본 남성지배의 모습이다. 당시는 법이 직접 남성의 손에 아내를 통제할 권리를 쥐여주는 시대였고, 유급 노동에 배제되거나 자격을 박탈당한 여성은 '아내'가 되는 것 외에는 생계를 이어갈 별다른 선택지가 없는 시대였다. 이러한 사적 남성지배는 오늘날 (완전히 사라졌다고 할 수는 없지만) 그 중요성이 다소 줄었다. 현재 많은 영국 여성은 집 밖에서 노동한다. 그들은 비혼을 택하기도 하고, 결혼 생활을 그만두겠다는 결정도 내리며, 남편에게 복종해야 한다는 법률의 구속도 없다. 하지만 그렇다고 여성이 모든 측면의 예속에서 벗어났다는 뜻은 아니다. 오히려 여성은 개인 남성과 맺는 사적 관계에서보다 시민이자 피고용인이라는 공적 역할에서 더 많은 예속 경험을 하게 됐다.

3장에서 본격적으로 다룰 예정인 노동의 영역을 조금 훑어보자. 여성은 임금과 지위가 낮은 일자리에 대거 포진해 있다. 직장에서 여성은 성차별에 시달리고, 가정을 돌보는 무급 노동을 책임져야 한다는 기대 때문에 불이익을 받는다. 게다가 최근 몇십 년간, 공공 서비스를 줄이는 '긴축' 정책이 시행되면서 특히 여성에게 부정적인 영향을 미쳤다. 공공 서비스직은 여성의 주요 일자리일 뿐만 아니라, 공공 서비스가 철회되면 여성이 감당해야 할 무급 노동의 양도 덩달아 증가하기 때문이다.

월비에 따르면, 남성지배의 전형적 형태는 성의 영역에서도 변했다. 지난 50년은 줄곧 성 해방의 시대라 여겨졌다. 1960년대에 비해 오늘날 영국 사회는 성 소수자를 향한 수용력이 향상했고, 결혼 제도 바깥에 있는 이성애자를 향한 부정적 인식도 감소했다. 예전보다 안전한 피임법에도 더 쉽게 접근할 수 있어 원치 않는 임신을 겪을 위험도 줄었고, '정상적인' 여성은 성에 무관심하다는 생각도 옅어졌다. 이러한 발전이 많은 측면에서 남성과 여성에게 긍정적으로 작용한 것은 사실이지만, 페미니스트는 이제 여성이 남성과 완전히 동등한 성적 자유를 갖게 되었다는 생각을 비판한다. 그들은 성의 영역도 사적 가부장제에서 공적 가부장제로 전환됐다고 말한다. 즉, 과거에는 여성을 성적 소유물로 여기며 남편이 독점했다면, 오늘날 여성은 어떤 남성에게도 성적 대상이 될 수 있다는 것이다. 과거에 여성에게 금기시되었던 것이 현재는 기대되는 것으로 변했고, 심지어 강요되기까지 한다. 새로운 형태의 남성지배는 학교 내 성적 괴롭힘, 대학 내 '강간 문화', 직장 내 성희롱 혹은 미국 대통령이 뽐내듯 떠벌린 "여성의 성기를 움켜쥐어라"라는 발언처럼 다양한 형태로 모습을 드러내며, 현대 가부장제가 권력을 유지하도록 돕는 핵심 기제가 됐다. 이에 따라 해당 의제에 초점을 맞추는 페미니즘 정치 운동도 늘어났다.

가부장제의 기원을 앞서 살펴보았듯, 가부장제 출현에 커다란 영향을 미친 요소는 사실상 여성의 재생산 능력을 착취하고 통제하려는 남성의 욕망이다. 슐라미스 파이어스톤 같은 일부 페미니스트는 여성이 이제까지 남성지배에 저항할 수 없었던 이유는 "생물학의 손아귀에서 끊임없이 놀아나기" 때문이라며 콕 집어 말했다. 하지만 파이어스톤이 그 글을 쓴 1970년은 과학과 기술이 발달해 그러한 환경이 바뀌던 때였다. 이에 파이어스톤은 미래에 인공 생식이 발달하면 여성이 생물학적 부담을 완전히 벗을 수 있다고 봤다. 많은 페미니스트가 파이어스톤의 주장을 받아들이진 않았지만, "자기 신체에 대한 소유권을 여성에게 돌려주자"라는 요구에는 대부분 동의했다.[15] 남성이나 남성지배적 제도(국가, 교회, 의료계 등)가 아니라, 여성 스스로 출산 여부와 출산 시기를 결정할 수 있을 때 비로소 여성해방이 도래한다.

이와 관련해, 합법적 임신 중단 권리를 둘러싼 중요한 정치적 논쟁이 1970년 미국에서 발생했다(임신 중단 권리를 인정한 '로 대 웨이드Roe v. Wade' 대법원 판결은 그로부터 3년 뒤에 나온다). 영국은 1967년에 임신 중단을 비범죄화하긴 했지만, 그조차 두 명의 의사가 해당 여성에게 임신 중단이 필요하다는 소견을 내놓을 때만 가능했다. 이에 페미니스트는 여성이 원한다면 언제라도 임신을 중단할 수 있는 권리를 요구하며 운동을 벌였다. 이 운동에 참여한 활동가들은 머잖아 목표를 달성할 수 있으리라 생각했다. 하지만 그로부터 대략 50년이 지난 지금, 전 세계 어디에서도 그 운동은 진전을 이루지 못하고 정체되어 있다. 오히려 임신 중단을 제한하는 규정만 곱절로 늘어났다. 폴란드와 같은 몇몇 곳에서는 임신 중단을 완전히 불법화하는 시도가 이루어졌고, 미국의 여러 주에서도 아버지에게 임신 중단 거부권을 부여하는 주법이 발의됐다.

여성에게 출산을 강요하는 이 유구한 가부장적 관습에 다시 숨을 불어넣으려는 오늘날의 노력은 21세기의 페미니즘 앞에 놓인 더 광범한 문제를 암시한다. 그 문제란 새롭고도 폭력적인 가부장적 운동의 발흥이다(종교 근본주의와 세속적 남성 인권 운동을 포함하는 이 움직임은 종종 인종차별주의나 국수주의 단체와 연관성을 지니는데, 이러한 자칭 '대안 우파alt-right'의 핵심 기조는 백인 우월주의, 남성 우월주의, 무슬림 및 유대인 혐오다). 한때 가장자리로 밀려나 있던 이들의 이데올로기는 이제 득세했을 뿐 아니라 실제로 정치 권력까지 장악했다. 이 글을 쓰고 있는 2017년 현재, 이를 보여주는 가장 명확하고도 적절한 예시는 기독교 근본주의자를 부통령으로 두고 있는 미국 정부다. 하지만 이는 단지 '제1세계만의 문제'가 아니다. 보코하람Boko Haram과 이슬람국가ISIS 같은 아프리카나 중동의 일부 종교 근본주의 단체가 반란 행위의 일환으로 여성을 납치·강간하고 노예로 부리는 등 케케묵은 가부장제의 관행을 자행하고 있다. 성과 재생산의 영역을 포함하는 여성의 신체 자기 결정권은 과거의 방식과 현재의 방식 양쪽으로 위협받고 있다. 따라서 그러한 위협에 저항하는 것이 현재 페미니즘의 주요 관심사다.

남성지배는 단순히 여성의 의지에 반해 부과되는 무엇이 아니다. 여성들도 종종 자신의 예속 상태를 받아들이고, 그에 공모하기도 한다. 여성 또한 남성과 마찬가지로 여성의 권리를 축소하겠다는 의지를 당당하게 표명하는 지도자와 정부를 지지하거나 그에 투표한다. 여성 또한 남성처럼 전통적인(예를 들면, 가부장적인) '가족의 가치'를 옹호하는 사회운동이나 종교운동에 적극적으로 참여하기도 한다. 페미니스트는 이처럼 여성이 여성의 이익에 반하는 행위를 하는 이유에 대해 줄곧 의문을 제기해왔다. 그 대답은 주로 두 가지로 제시된다.

첫 번째 대답은 여성이 남성과 맺는 관계의 특성에 초점을 맞춘다. 주인은 자신의 하인이나 노예, 제국 신민, 소작농, 일꾼의 호의를 얻으려 노력할 수도 있지만(그런 시도는 더러 성공하기도 한다), 예속 집단의 구성원이 지배 집단의 구성원과 평생 친밀한 유대를 유지해야 하는 구조적 불평등은 여성과 남성의 관계에서밖에 찾아볼 수 없다. 심지어 여성은 안전과 생계를 유지하려고 남성에 의지해야 할 필요가 없을 때조차 남편이나 남자 형제, 아들을 향한 사랑을 명목으로 그들의 이익에 동일시하도록 부추겨진다('가족에게 좋은 것이 내게 좋은 것이다.'). 게다가, 현대의 가부장적 핵가족은 여성들을 서로 떼어놓는 경향이 있기에, 억압에 효과적으로 저항하는 데 필요한 여성 간 집단적 유대감이 형성되기 어렵다.

두 번째 대답은 여성이 예속 상태를 자연적이고, 불가피하고, 정당한 것으로 받아들이도록 사회화되는 방식에 초점을 맞춘다. 이러한 사회화를 담당하는 중요한 주체 중 하나는 가족이며, 종교나 교육, 혹은 교육의 부재도 해당한다(사실상 전 세계의 주요 종교는 전통적으로 여성의 예속을 신성한 명령으로 취급한다). 거다 러너가 지적한 대로, 인류사 대부분 동안 여성은 고등교육에서 배제됐고, 따라서 지식 생성이라는 면에서 여성의 역할은 미미했다. 이러한 경향은 현대에 들어서 바뀌긴 했지만, 그래도 남성이 수천 년간 지배해온 세계를 이해하는 방식을 바꾸려면 수십 년은 족히 걸릴 테다. 현재에도 여전히 걸출한 지식과 과학은 남성이 독차지하고 있다. 따라서 남성과 여성의 차이를 과학적으로 설명하려는 시도도 종교적 설명만큼이나 가부장제 유지에 이바지한다. 하지만 예전에 종교가 그랬던 것처럼, 과학 또한 여성에게 남성지배적이고 남성 중심적인 지식을 깨부술 기반이 되어줄 수도 있다.

가부장제의 사회적 합의는 두 성을 모두 억압한다는 주장이 빈번히 제기된다. 남성은 지배적 성일지라도, 그들도 규범적 남성성이 부과하는 요구와 기대에 부응해야 하기 때문이다(예를 들면, 남성은 감정을 억눌러야 하고, 약한 모습을 보이면 안 되고, 가족을 부양하고자 오랜 시간 노동해야 하며, 나라를 대신해 전쟁터에 나가 싸워야 한다는 것 등이다). 많은 남성은 이러한 요구를 특권이라기보다 부담으로 느낀다. 페미니스트 대부분은 남성이라는 계급이 차지하는 지배적 지위에 대한 대가를 남성 개개인이 치른다는 사실에 동의하는 한편, 남성은 여성과 달리 이러한 체제로 이득을 본다는 사실을 지적한다. 그런 이유로 페미니스트 대부분은 수전 손태그Susan Sontag가 "여성이 해방되면 남성도 해방된다는 상투적인 생각"이라고 부른 것을 거부한다. 손태그가 말하길, 가부장제는 모든 이를 동등하게 억압한다는 생각은 "마치 가부장제는 그 누가 만든 것도 아니고, 그 누구에게 편한 것도 아니며, 그 누구의 이익을 위한 것도 아니라는 듯, 남성지배라는 날 것의 현실을 어물쩍 넘기려 한다."[16] 남성지배가 유지되는 이유는 다른 불평등한 구조가 유지되는 이유와 같다. 즉, 가부장제는 특정한 누군가에게 이익을 가져다주기 위해 작동한다. 페미니스트는 가부장제의 작동 방식을 이해하는 것이 그것을 바꾸는 데 필요한 행동으로 이어지기를 바란다.

2장　권리

주요한 문헌들은 페미니즘이 '여성의 권리'에 관한 것이라는 데 의견 일치를 보인다. 옥스퍼드 사전*Oxford Dictionary*은 페미니즘을 "모든 성은 평등하다는 신념에 기반해 여성의 권리를 옹호하는 것"이라고 정의한다. 뉴 월드 백과사전*New World Encyclopedia*에 따르면 페미니즘은 "젠더 불평등과 여성 평등에 관한 (…) 사회적·문화적·정치적 운동을 포함한다." 페미니스트의 인용구를 살펴봐도 마찬가지로 여성의 권리가 언급된다. "남성에게는 권리가 필요하다. 하지만 넘치지 않아야 한다. 여성에게도 권리가 필요하다. 하지만 부족하지 않아야 한다"(미국의 여성 참정권 옹호자인 수전 B. 앤서니Susan B. Anthony와 엘리자베스 케이디 스탠턴Elizabeth Cady Stanton이 1868년 설립한 신문 《레볼루션》*The Revolution*의 사훈) 같은 구문부터 시작해서 "여성의 권리는 인간의 권리다"(샬럿 번치Charlotte Bunch가 1990년에 처음 썼고, 그로부터 5년 후 힐러리 클린턴Hillary Clinton 이 연설에서 인용하며 유명해졌다) 같은 구문도 여성의 권리에 대해 말한다.[17] 하지만 모든 페미니스트가 이러한 주류적 정의를 지지하는 것은 아니다. 권리에 대한 요구는 자유주의적 정치의 전통에 속한다. 많은 페미니스트는 여성 억압의 종식이라는 최종 목표는 자유주의보다 더 급진적인 사회 변혁 없이는 성취할 수 없다고 주장할 것이다. 이러한 관점에서 보자면, 페미니즘을 '여성 권리'에 관한 운동으로 보는 시각은 페미니즘이 추구하는 야망의 너비를 제대로 담아내지 못한다. 그럼에도, 페미니즘 운동사를 통틀어 권리 개념은 이론적으로도, 실천적으로도 페미니즘 정치에서 중요한 역할을 차지해왔다고 말하는 것이 합당하다.

인권의 역사는 18세기에 시작됐다. 혁명적인 여러 정치 운동에서 '인간의 권리'라는 철학적 개념이 채택되고 시행된 후부터다. 1776년, 토머스 제퍼슨은 그 유명한 「미국독립선언문」에서 이렇게 썼다.

우리는 다음의 진리를 자명하다고 믿는다. 모든 인간은 평등하게 태어났으며, 양도할 수 없는 권리를 창조주에게서 부여받았다. 그중에는 생명과 자유에의 권리, 그리고 행복을 추구할 권리가 있다.

이론가들은 이 글에서 선언한 권리를 '자연권'이라 부른다. 즉, 인간이 태어나면서 천부적으로 지니는 권리라는 뜻이다(현대의 '인권' 개념도 비슷한 생각을 표현한다). 하지만 제퍼슨이 선언문에서 언급한 권리를 지닌 '모든 인간all men'이란 '모든 남성', 특히 백인 남성만을 가리킨다. 제퍼슨이 말하는 '인간'에는 노예나 북아메리카 토착민, 혹은 그 어떤 인종의 여성도 포함되지 않았다. 프랑스에서 혁명이 일어난 1789년에 선포된 「인간과 시민의 권리 선언」에서도 여성은 제외됐다. 하지만 이러한 배제에 반발이 없었던 건 아니다. 극작가 올랭프 드구주는 1791년, 「여성과 여성 시민의 권리 선언」을 직접 작성해 발표했다(이는 2년 뒤, 그녀가 단두대에서 처형당하게 된 이유 중 하나였다). 한편, 당시 영국에서 프랑스혁명을 유심히 지켜보던 메리 울스턴크래프트도 『여권의 옹호』를 썼다.

울스턴크래프트는 '인간의 권리'를 말할 때, 여성을 그 '인간'에서 제외할 정당한 근거가 없다고 『여권의 옹호』에서 주장했다. 당대 사상가들이 보기에, '인간'을 정의하는 특징이자 천부적 권리가 유래하는 특징은 사유하는 능력이었다. 울스턴크래프트도 "인간이 금수禽獸보다 나은" 것은 사유하는 능력 때문이라고 보았다. 여기서 그녀가 말하는 '인간'은 백인 남성뿐만 아니라 '모든 인간'을 일컫는다. 그녀는 여성의 권리 박탈을 정당화하는 데 사용된 주장, 즉 여성은 남성과 달리 사유 능력을 지니지 않았다는 주장을 문제 삼았다. 그녀는 여성 대부분이 남성 대부분과 비슷한 수준으로 사유 능력을 발달시키지 못했다는 점을 인정했다. 하지만 그녀가 보기에 이는 선천적 요인 때문이 아니라 여성들의 열악한 교육 수준이라는 후천적 요인 때문이었다. "아름다움은 곧 여성의 권력이라는 가르침을 어릴 때부터 받아온 여성들은 정신을 육신에 맞추고, 반짝거리는 새장 안을 맴돌며 그 감옥을 치장할 궁리를 할 뿐이다."[18] 하지만 여성은 남성 못지않게 이성적인 존재이며, 따라서 여성도 자연권을 타고난다.

『여권의 옹호』는 정치적 선언문이라기보다 철학적 논고에 가깝다. 하지만 여성의 권리에 관한 포괄적인 주장은 오늘날 '제1 물결'이라 부르는 운동에 기반을 마련해줬다. 19세기에 시작된 제1 물결은 여성의 법적, 시민적 권리를 요구하는 조직적 운동이었다. 제1 물결 페미니스트가 요구한 권리에는 여성의 교육받을 권리, 경제활동을 할 권리, 이전까지 여성에게 금지되어 있던 직업에 종사할 권리, (결혼 후 남편에게 양도하지 않고) 재산을 직접 소유할 권리, 이혼할 권리, 정치적 의사 결정에 참여할 권리가 있었다. 이와 같은 전통은 페미니즘이 여성의 권리를 위한 운동이며, '여성의 권리'란 '평등권'이라는 대중적 인식을 만들어내는 데 일조했다. 초기 페미니즘 운동의 목표는 그전까지 남성이 지니고 있었던 권리를 여성도 보장받게끔 만드는 것에 그쳤기 때문이다.

오늘날 세계 전역에서 이러한 자유주의적 평등권 페미니즘은 상식이 됐다. 여성과 남성은 법 앞에 평등하며, 여성과 남성이 교육·직장·정치 영역에서 동등한 권리와 기회를 보장받아야 한다는 데에는 반박의 여지가 없어 보인다. 하지만 그래서인지 이러한 합의가 최근에야 이루어졌다는 사실은 쉽사리 잊힌다. 1960년대에 아이였던 나는 오늘날 우리가 기본권이라 여기는 권리를 갖지 못한 채로 자라온 여성들에 둘러싸여 있었다. 영국에서, 내 할머니가 성인이 된 1920년대에는 30세 이하 여성들에게 여전히 투표권이 없었다. 내 어머니가 결혼한 1950년대에 여성은 남편의 허락 없이 대출을 받을 수도 없었다. 내가 학교를 떠난 1976년은 직장 내 성차별이 불법이 된 지 얼마 되지 않은 때였다(그래서 경력 초기에 만난 고용주 몇몇은 확실히 그런 소식을 전해 듣지 못한 것처럼 굴었다). 이처럼 내가 이 나라에 살면서 목격한 여성에게 닥친 변화들을 곱씹어보면 여성의 권리 쟁취 운동이 이룩한 업적을 되새길 수 있다. 한편, 오늘날에도 여전히 바뀌지 않은 것들을 떠올려본다면, 권리 개념으로 접근하는 방식에도 한계가 있다는 사실이 명확해진다.

일부 페미니스트는 평등권이 '개혁적' 목표라는 생각에 동의하지 않았다. 평등권은 사회 자체를 근본적으로 변혁하지 않은 채 여성 지위의 개선만을 목표로 한다는 것이다. 미국의 무정부주의자이자 페미니스트인 엠마 골드만은 "활동가라면 본디 그 성격이 불평등한 체제 내에서 더 많은 특권을 얻으려 하기보다 체제 혁명을 옹호해야 마땅하다"라고 말하며 여성참정권 운동을 지지하지 않았다.[19] 미국 여성이 참정권을 얻어낸 지 대략 50년이 흐른 1969년, 급진적 페미니스트는 그 권리를 상징적으로 반납하는 시위를 열었다. 그들은 참정권이 여성을 억압에서 한 치도 해방해주지 않았다고 주장했다.

하지만 참정권 요구가 충분히 급진적이지 않다는 비판에 맞서, 권리 요구를 옹호해온 다른 페미니스트도 있다. 법 이론가 니컬라 레이시Nicola Lacey는 그중 가장 강력한 주장이 흑인, 토착, 남반구 페미니스트 사이에서 나왔다고 말한다. 그들은 권리 옹호를 향한 페미니스트 비판이 상대적으로 특권을 지닌 이들의 시각을 반영한다고 주장한다. 즉, 이미 기본권이 잘 갖춰져 있는 서구의 자유 민주주의 사회에 사는 백인 여성의 시각이라는 것이다. 이에 레이시는 이렇게 쓴다. "더욱 심한 억압을 받는 이들에게 권리의 언어는 여전히 열망과 이상향을 의미한다. 선행하는 정치 전쟁에서 승리를 거머쥐고 난 후에야 권리 개념을 해체할 수 있다." 활동가들은 권리를 둘러싼 전쟁이 한창인 곳(최근 여성도 운전면허를 소지할 권리를 쟁취해내긴 했지만, 아직 남성 보호자의 허락 없이는 결혼이나 여행, 계약 체결 등을 수행할 수 없는 사우디아라비아 같은 곳)에서 권리를 요구하는 운동을 펼치는 것이 무의미하다고 보지 않는다. 그들은 여성이 실제로 동등한 시민이 되려면 다른 것들(문화 규범이나 태도 등)도 함께 바뀌어야 한다는 사실을 잘 알지만, 원칙적이고 법률적으로 권리를 확립하는 것은 여전히 중요한 목표다.

하지만 거의 모두 동의하는 사실이 하나 있다. 동등한 권리를 쟁취하고자 전 세계에서 수십 년에 걸쳐 시행돼온 운동과 계획, 입법은 실제로 평등을 가져오지 못했다는 점이다. 여성의 지위가 향상됐다는 증거가 발견되는 분야조차 그 진보는 고통스러우리만치 더뎌 보인다. 예를 들어, 논의가 많이 이루어진 성별 임금격차는 예전보다 훨씬 줄었지만, 2015년에 열린 세계경제포럼World Economic Forum의 추정에 따르면 2133년에 이르러서야 그 격차가 실제로 해소될 것이다. 이론상 폭넓은 지지를 얻는 동일 임금과 같은 목표조차도 현실에서 이토록 성취하기 어려운 이유는 무엇일까?

페미니스트는 그 이유 중 하나로, 법은 평등 대우 원칙에 기초해야 한다고 생각하는 풍조를 꼽았다. 이러한 경향은 여성이 남성과 '평등하게' 대우받기를 원하면 남성과 같아지라고 암묵적으로 요구한다. 예를 들어, 일반적으로 동일 임금과 관련한 법은 남성과 같은 노동을 하면서도 적은 임금을 받는다는 사실을 증명할 수 있는 여성에게 법적 구제책을 마련해준다. 하지만 이 법은 수많은 노동 시장에 만연한 성별 직종 분리는 다루지 않는다. 많은 여성이 남성보다 적은 임금을 받는 이유는 정확히 남성과 같은 일을 하지 않아서다. 그들은 전통적으로 여성의 일이라 여겨지는 직종 혹은 남성도 고용하는 직종 내부의 여성이 많은 분야에서 일한다. 따라서 역설적이게도, 여성 노동의 평가절하로 가장 큰 피해를 보는 여성은 동일 임금을 보장하는 형식적 권리가 주는 혜택을 가장 적게 누리는 이들이기도 하다.

진보가 지지부진한 또 다른 분야는 정치다. 정치기구에서 여성은 과소 대표되고 있다. 유엔UN, United Nations은 여성이 국가 입법기관의 30퍼센트를 차지하는 것을 목표로 삼고 있다. 2011년에는 그 기준을 만족한 나라가 30개국도 채 되지 않았다. 일부 나라에서는 반드시 일정 수의 여성을 선출해야 한다는 할당제를 마련해 이 문제를 해결하기도 한다. 이러한 접근법은 여성과 남성 후보자가 소위 '평평한 운동장'에서 경쟁하지 않는다는 사실을 인식한 결과다. 남성을 선호하는 암묵적 편견은 여성에게 불리하게 작용한다. 할당제 같은 조치의 목적은 그러한 편견으로 발생하는 불이익을 보상하는 것이다. 하지만 그러한 조치가 오히려 편향된 게 아니냐는 저항이 종종 발생하기도 한다. 즉, 여성과 남성을 동등하게 대하지 않는 할당제는 기초적인 평등 대우 원칙을 침해한다는 것이다.

여성에게 특히 중요한 일부 권리는 재생산에서 여성만이 담당하는 역할과 관련이 있기에, 모든 개인이 동등한 대우를 받아야 한다는 전제만으로 쉽사리 보장받을 수 없다. 미국과 영국에서 임산부 차별은 처음부터 명백한 성차별로 인식된 건 아니었다(하지만 현재 양국의 사법은 이를 성차별로 인정한다). 고용주는 이를 여성 전체의 문제가 아니라 임신하기로 마음먹은 이들의 문제라고 우길 수 있었고, 실제로도 그렇게 했다. 이러한 주장 하에 부당한 대우를 받은 여성들은 같은 처지의 남성들보다 차별받았다고 말할 수도 없었다. 그와 같은 처지의 남성이 없었기 때문이다.

재생산과 관련한 권리 중, 합법적으로 임신을 중단할 권리도 있다. 임신 중단을 둘러싼 기나긴 투쟁을 살펴보면 평등권 접근법에 관한 또 다른 질문이 떠오른다. 여성의 권리가 다른 권리와 충돌하거나 충돌하는 것처럼 보이면 어떻게 되는가? 임신 중단을 금지하는 여러 사법 체계는 임신을 중단하면 아직 태어나지 않은 태아의 생명권이 침해된다고 본다. 임신 중단이 허용된다면 그건 산모의 생명이 위태로울 때다. 즉, 산모의 신체 결정권이 아니라 생명권만이 태아의 권리보다 우선할 수 있다는 것이다. 또, 태아의 아버지에게 없는 권리는 산모에게도 있어선 안 된다는 주장이 등장하기도 한다. 2장에서 살펴본 것과 비슷하게, 산모의 임신 중단을 저지할 권리를 남성에게 쥐여주는 법률들은 '성별과 무관한 평등 대우' 원칙을 들먹인다. 하지만 (페미니스트가 보기에) 이는 잘못된 동등성에 뿌리를 둔다. 아이가 생기려면 두 명이 필요할지 몰라도, 실제로 임신하고 출산하는 사람은 한 명이기 때문이다. 따라서 그러한 조항은 여성의 신체 결정권보다 아이에 대한 아버지의 권리를 더 중요하게 여긴다고 볼 수 있다.

권리 충돌은 임신 중단뿐만 아니라 다른 분야에서도 일어난다. 여성의 권리는 사생활권이나 가족권, 문화적·종교적 신념의 표현권 등과 갈등을 빚을 수 있다. 이러한 긴장은 권리 체계가 탄생하게 된 역사적 기원을 반영한다. 애초에 권리는 남성이 정치나 상업 같은 공적 영역에서 정부나 상호 간의 거래를 규제하려 고안됐다. 권리 개념은 사적 영역에는 적용되지 않았기에 남성이 가정 내 다른 구성원과 맺는 관계까지 규제한 것은 아니었다. 여기서 다른 구성원이란 최초의 '사회계약'에 따라 자기만의 권리를 가지지 않는 여성, 아이, 하인, 노예를 일컫는다. 오히려 사적 영역은 남성이 외부의 간섭에서 자유로워지는 영역이라 여겨졌다.

이러한 생각은 1948년 UN 총회에서 채택되어 현대적 '인권' 개념을 출범시킨 「세계인권선언」UDHR에서 그 흔적을 찾을 수 있다. 18세기와 달리, 이 선언문은 서문에서 '남성과 여성의 평등권'을 명시하고 있다. 하지만 16조에서 "가정은 사회의 자연적이고 기초적인 구성단위로, 사회와 국가의 보호를 받을 권리가 있다"라고 말한다. 이 조항은 가정이 내부적으로 동질적이지 않고, 구성원의 이해관계가 늘 일치하는 것은 아니라는 사실을 인지하지 못하고 있다. 수십 년간 페미니스트가 지적해왔듯, 강제 노동부터 가정 폭력과 성폭력에 이르기까지 여성이 겪는 수많은 학대는 높은 비율로 가정 내에서 가족 구성원에 의해 이루어진다. 따라서 가정을 보호해야 한다는 국가의 의무와 '남성과 여성의 평등권'을 보호해야 한다는 국가의 의무 간에는 잠재적인 모순이 있다.

이러한 모순은 1979년에 UN이 「여성차별철폐협약」CEDAW을 채택하자, 여러 나라가 보인 반응에서 선명하게 드러난다. 이는 여성의 권리 문제를 해결하려는 더욱더 결연한 의지가 돋보이는 협약이었다. 조약의 효력이 없는 「세계인권선언」과 달리, 이 협약은 UN 회원국 중 해당 협약을 비준한 국가에 구체적인 의무를 부과한다. 하지만 회원국들은 모든 UN 협약에 가입해야 할 의무가 있는 것은 아니며(미국은 「여성차별철폐협약」을 비준하지 않기로 했다), 준수하고 싶지 않은 특정 의무는 유보 조항으로 설정한 후에 협약을 비준할 수도 있다. 「여성차별철폐협약」의 경우, 이 유보 조항 목록이 특히나 길며, 그중 상당수가 가정 내 여성의 지위에 관한 조항이었다. 몇몇 국가는 기혼 여성이 자신의 거주지나 이름을 선택할 권리를 인정하지 않았고, 많은 국가가 아버지만이 자식에게 국적을 물려줄 수 있다고 주장했다. 몰타공화국은 과세를 목적으로 기혼 여성의 수입을 남성의 수입으로 취급하고, 여성이 획득한 국가보조금을 '가장'으로 여겨지는 남성에게 지급하기 위해 협약의 일부 조항을 보류했다. (레소토와 함께) 영국은 장남만이 왕위를 계승한다는 원칙을 고수하길 원했다. (바레인, 이집트, 사우디아라비아, 말레이시아, 몰디브, 마우레타니아, 모로코 등) 이슬람 국가 대부분은 이슬람법과 상충하는 그 어떤 조항도 준수하지 않겠다고 선언했다. 많은 이슬람 국가는 특히 결혼과 이혼에 관한 조항에 불편한 기색을 내비쳤다. (모로코의 유보 선언에 따르면) "평등은 (…) 균형과 상보성의 체계 속에서 각 배우자의 권리와 책임을 보장하는 이슬람 율

법과 양립할 수 없다."

이러한 유보 사항들은 여성 권리를 위한 국제적 체계를 개발하기가 얼마나 까다로운지 보여준다. 법 이론가 캐서린 매키넌이 지적하듯, 젠더 불평등은 전 세계적인 체계이지만 그 불평등을 해소하려는 시도는 양쪽에서 공격받는다. 먼저, 만약 불평등과 억압의 형태가 문화마다 다르다고 본다면, 관련 국가는 '이질적인' 문화 규범이라 판단되는 의무는 시행을 거부할 수도 있다. 이는 그토록 많은 국가가 결혼·이혼·상속·국적 같은 중차대한 문제에서 계속해서 차별을 저지르면서도 "여성에 대한 모든 종류의 차별 철폐"를 목표로 하는 협약을 비준할 수 있었던 이유이기도 하다. 한편, 젠더 불평등이나 억압의 형태가 문화를 불문하고 보편적이라 본다면, 그러한 억압은 '자연스러운 것'이라는 주장에 무게가 실려 특정 국가가 그에 대해 할 수 있는 일이 없다는 결론에 도달하고 만다.[20]

이것이 "여성의 권리는 인간의 권리"라는 구호가 겉보기와 달리 단순한 동어반복("여성은 인간이다. 따라서 여성의 권리는 인간의 권리다.")이 아닌 이유다. 이 구호는 여권, 더 구체적으로는 여성 인권 유린을 진지하게 받아들이지 못한 국제 인권 운동을 질책하려는 목적으로 등장했다. 미국의 페미니스트이자 이 구호를 처음 언급했다고 알려진 샬럿 번치(그녀는 필리핀의 한 여성 활동가에게서 이 구호를 들었다고 한다)는 1990년, 앞서 언급한 태도("차별은 문화적 문제다" 혹은 "차별은 자연스러운 것이다"라는 태도)가 눈감아버리는 지점이 무엇인지 단도직입적으로 간추렸다. 번치에 따르면, 전 세계 여성은 "여성이라는 이유만으로 고문, 굶주림, 테러, 굴욕, 신체 훼손, 심지어 살인에 일상적으로 시달린다."²¹ 만약 이러한 만행이 다른 집단을 대상으로 저질러진다면, 그 행위는 명백한 인권 침해로 간주될 것이다. 하지만 여성의 경우 그렇게 여겨지지 않았다.

1991년, 활동가들은 인권에 관한 차기 UN 국제회의 개최를 촉구하는 청원을 시작했다. 그 결과, '여성에 대한 폭력은 인권 침해'임을 공식 승인하는 회의가 1993년 빈Wien에서 개최됐다. 회의가 개최되기까지 50만 명이 청원에 서명했고, 124개국에서 수천 개의 단체가 후원했다. 그해 말, UN은 「여성폭력철폐선언」DEVAW을 공식적으로 채택했고 관련한 의제는 현재까지 논의가 이어지고 있다. 1998년에 발족한 국제형사재판소의 규정에도 젠더 기반 폭력과 성폭력에 관한 언급이 포함됐다. 이후 2000년, UN은 무력 분쟁 지역에서 발생하는 여성에 대한 폭력에 반대하는 결의안을 채택했다(1990년대에 이미 유고슬라비아, 르완다, 콩고민주공화국 등에서 발생한 일련의 분쟁에서 집단 강간을 전쟁 무기처럼 사용하고 대량 학살을 저질러 전 세계의 관심이 집중되었던 것을 고려한다면 이러한 조치가 한발 늦었다고 말하는 이도 있다).

한편 1995년에 베이징에서 개최된 제4차 UN 세계여성회의(힐러리 클린턴이 "여성의 권리는 인간의 권리"라는 발언을 한 행사)

에서는 「북경행동강령」과 그와 관련해 '성 주류화' 접근법이 탄생했다. 이로써 UN은 여성 인권을 개별 사안으로 다루지 않고, 모든 업무에 젠더 관점을 적용하고 있다. UN은 어떤 정책이나 프로그램을 채택하기에 앞서, 그것이 여성의 지위에 미칠 영향이 긍정적일지, 부정적일지, 혹은 아무런 영향을 미치지 않을지 평가한다. 정책을 시행하고 난 후, 진행 상황을 모니터링하고 평가할 때도 같은 접근법을 적용한다. 그 목적은 성평등을 촉진하고, 반대로 불평등의 고착화를 막는 것이다. 2010년, UN은 'UN 여성기구'로 널리 알려진 '성평등과 여성 역량 강화를 위한 기구'를 창설해 UN 정책 입안자를 지원하거나, 국제 표준을 시행하려는 회원국의 노력을 돕는다.[22]

UN에 논의를 집중한 이유는 UN의 정책과 기준이 회원국 정부뿐만 아니라 전 세계의 비정부기구NGO에까지 광범위하게 영향을 미치기 때문이다. 1990년 이래로 발달한 여권에 관한 접근법은 커다란 영향력을 발휘했다. 특히 그 덕에 여성 폭력 철폐가 최우선 과제로 떠올랐다. 하지만 여성의 권리를 정의하고 이해하는 방식은 여전히 복잡하고도 까다로운 문제로 남아있다. 전 세계를 대상으로 하고, 교차성과 포용성을 목표로 하는 운동인 만큼 특히나 쉽지 않은 문제다.

이번 장에서 언급하거나 인용한 문서들은 일반적으로 '여성'을 단순히 '남성'과 대척점에 있는 동질적인 집단으로 다룬다. 하지만 물론, 현실에서 '여성'은 동질적이지 않다. 그들의 상황과 욕구는 나이, 계급, 인종, 민족, 섹슈얼리티, 종교적 신앙과 비신앙, 결혼 여부, 자녀 유무, 시골 혹은 도시, 남반구와 북반구 같은 거주지의 차이에 따라 형성된다. 여성의 권리가 남성의 권리나 아동의 권리와 충돌하는 지점이 있는 것처럼, 서로 다른 집단의 여성 간에도 갈등이 생길 수 있다. 그 예시를 살펴보기 위해 오늘날 여성 혹은 페미니스트가 서로 대립하는 문제 두 가지를 간략하게 짚어보자.

첫 번째는 상업적 대리모를 둘러싼 문제다. 상업적 대리모란, 아이를 원하는 한 사람 혹은 두 사람이 다른 여성에게 돈을 주고 임신과 출산을 의뢰하는 계약을 일컫는다('대리 임산부'에게 이식하는 배아는 예비 부모 혹은 기증자의 유전자 물질을 사용해 생성되기도 한다). 이는 초국적인 상업 행위가 됐다. 비용 문제도 있지만(다른 산업이 '해외 이전'하는 이유와 일맥상통한다), 영국을 포함한 수많은 유럽 국가가 상업적 대리모를 금지하기 때문이다. 하지만 유럽 고객은 유럽이 아닌 다른 나라에서 대리모가 될 여성을 모집하고, 필수 의료 절차를 감독하며, 필요한 경우 임신 중인 여성을 감시할 호스텔을 운영하는 병원에 연락할 수 있다.

이 거래는 대리모와 의뢰인 양쪽의 권리에 대한 논쟁을 불러일으켰다.[23] 페미니스트는 대체로 아이를 낳을 권리와 낳지 않을 권리를 포함한 재생산권을 지지하지만, 상업적 대리모를 반대하는 이들은 그러한 목적으로 다른 여성을 착취할 권리는 없다고 주장한다. 이들은 대리모가 남반구의 빈곤국 출신일 때,

그 거래는 필연적으로 착취적인 성격을 띠는 데다, 여성이 학대의 위험에 노출될 수도 있다고 말한다(예를 들어, 대리모는 돈이 궁핍한 가족에 등 떠밀려 대리모가 되거나, 장기적으로 어떤 효과가 있을지 잘 알지 못하는 치료를 받게 될 수도 있다). 하지만 다른 페미니스트들은 이러한 주장이 여성의 행위성과 선택권을 부정한다고 주장한다. 페미니스트가 여성에게 신체 결정권이 있다고 믿는다면, 이는 분명 남아시아와 동남아시아의 빈곤 여성에게도 대리모로서 서비스를 제공할 권리가 있다는 뜻이다(성 노동에도 이와 비슷한 주장이 등장한다. 자세한 내용은 5장에서 다시 살펴볼 것이다). 이러한 관점을 취하는 페미니스트가 보기에 의뢰인과 대리모의 권리는 상충하지 않는다. 따라서 대리모 거래를 불법화하는 것은 양쪽의 권리를 부당하게 침해하는 것이 된다.

하지만 상업적 대리모에서 다뤄야 할 문제가 정말 권리에 관한 것인지 되물을 필요가 있다. 우리는 '행위성agency', '선택권'과 더불어 '권리'가 진공 상태에서 행사되는 것인 양 말하곤 한다. 현실에서 우리는 처한 조건에 따라 어떤 행위가 가능할 수도, 제약을 받을 수도 있다. 예를 들어, 우리는 새로운 재생산 기술이 등장하기 전에는 그 누구도 보지 못했던 선택지를 놓고 고민하고 있다. 또, 이러한 사업 모델(해외 고객이 감당할 수 있고, 현지 대리모에게 경제적 이익을 가져다주고, 병원에게 수익을 남겨주는 모델)을 가능케 한 극단적인 경제 불평등이라는 상황도 개인 여성이 대리모를 자처하는 데 한몫한다. 구자라트 같은 시골 지역 여성에게 더 다양하고 더 나은 경제적 선택지가 존재한다면, 부유한 외국인을 위해 대리모가 되려는 여성이 얼마나 있을까? 19세기에 수백만 명의 영국 여성도 가사 도우미 노동을 '선택'했다고 말할 수 있다. 하지만 제1차 세계대전 도중과 그 후에 여성에게 다른 선택지가 생겨나자, 입주 가사 도우미 공급량은 급속히 감소했다.

페미니스트 사이에서 견해차가 나타나는 또 다른 분야는 소수민족 여성의 문화적·종교적 권리다. 유럽에서는 특히 무슬림 여성이 착용하는 니캅이나 얼굴 베일처럼 종교적 상징이 드러나는 옷을 공공장소에서 착용하는 것을 둘러싼 논쟁이 있다. 프랑스와 벨기에는 이를 금지했다. 또, 결혼 생활이나 가족 간에 발생한 문제를 중재하는 종교재판소Religious Courts나 남아와 여아를 다르게 대하는 종교학교에 관한 논쟁도 있다. 이러한 논쟁들은 반反무슬림 인종주의가 성장하는 와중에 등장했다. 많은 페미니스트와 좌파, 진보주의자는 대개 니캅 착용 금지가 인종주의에서 비롯한 차별적 조치라고 생각한다. 그래서 이들은 책임 당국이 니캅 착용 금지 조치를 두고 무슬림 여성의 권리를 걱정하는 페미니스트의 영향을 반영한 것이라고 주장할 때 격분한다. 일부 페미니스트는 이러한 주장이 빈정대는 것이라고 맹렬히 비난하면서, 무슬림 여성을 서구 진보주의자가 '구원해야 할' 무력한 피해자로 묘사했다고 비판했다. 많은 무슬림 여성은 니캅 착용이 그들의 자발적 선택이 아니라는 가정에 반대하고,

비非무슬림 페미니스트가 무슬림 여성의 목소리를 듣는 대신 무슬림 여성을 억압하는 것이 무엇인지에 대해 나서서 논쟁하는 것도 반대한다.

두말할 것 없이, 무슬림 여성의 말을 듣는 것은 중요하다. 하지만 "특정 집단 여성의 말을 경청해야 한다"라는 요청으로 정치적 논쟁이 해결되는 일은 좀처럼 없다. 특정 집단 여성의 말을 듣다 보면 그들이 모두 한목소리를 내는 게 아니라는 사실이 드러나기 때문이다. 여성들이 같은 정체성을 공유한다고 해서 정치적 분석까지 같을 거라는 보장은 없다. 종교적 권리를 지지하는 무슬림 페미니스트도 있고, 그에 반대하는 무슬림 페미니스트도 있다.

프랑스에 거주하는 알제리 페미니스트인 마리엠 엘리루카스는 학교에서 베일 착용을 금지한 프랑스의 결정을 지지했다. 국가는 해로운 관습을 강요하는 부모로부터 아이를 보호할 책임이 있다는 게 이유였다. 그녀는 진보주의자와 좌파가 소수민족 여자아이에 대한 책임을 너무 자주, 기꺼이 방기했다고 말했다. 과거에 일부 좌파는 여성 할례(여성 성기 훼손) 같은 풍습을 '문화적 권리'라고 옹호했고, 이를 유럽에서 근절시키고자 하는 노력을 '서구 제국주의'라고 힐난했다. 그녀는 또한 할례 폐지 운동에 '서구 제국주의' 혐의를 씌우는 것은 비서구 페미니스트의 활동과 저작에 눈감아버리는 유럽 중심적 무지에 가깝다고 본다. 여성 할례 풍습을 폐지하려는 풀뿌리 운동은 아프리카에서 수십 년 전부터 전개됐고, 19세기부터 등장한 무슬림 페미니스트 중에는 쿠란이 (양성 모두에게) 정숙한 몸가짐을 가르치긴 하지만, 베일 같은 풍습은 문화적 강요라고 주장하는 이들도 있다. (물론, 아프리카와 중동의 모든 페미니스트가 이러한 입장에 동의하는 건 아니다. 어디에서건 페미니스트 간에는 차이와 의견 충돌이 있다.)[24]

영국의 무슬림 페미니스트 야스민 레만은 여성이 베일 착용을 선택할 수 있다고 인정하면서도, 그것을 항상 행위성이 행사된 결과로 봐서는 안 된다고 경고한다. 니캅이 공적 논쟁으로 떠오르기 오래전, 영국에 거주하는 남아시아 여성들은 살와르 카미즈Salwar Kameez(헐렁한 튜닉과 바지) 같은 전통 복장을 강요받는 것과 (비무슬림 집단에도 있는) '정숙한' 복장에 대한 집단의 규범이 여성과 소녀를 통제하는 데 쓰인다고 지적한 적이 있다. 레만은 현재와 같은 상황에서는 인종주의에 불씨를 댕기지 않으면서 소수민족의 문화적 풍습을 비판하기가 무척이나 어렵다는 것을 알지만, 그래도 페미니스트는 주류 공동체 내부에서 성차별에 저항하는 여성들을 기꺼이 지지하는 것처럼, 공동체 내부에서 공동체의 성차별적 규범에 맞서 싸우려는 소수민족 여성을 옹호해야 한다고 주장한다.[25]

흑인 및 남아시아 여성의 권리를 위해 오랜 시간 운동해온 영국의 페미니스트 단체 사우스올 블랙 시스터스SBS, Southall Black Sisters는 결혼, 이혼, 양육권, 상속, 가정 폭력 같은 문제를 종교재판소가 중재하는 사례가 늘어나는 데 우려를 표했다. 2016년, 300여 명의 여성이 SBS가 주최한 '모두를 위한 하나의 법' 운동을 지지하는 성명서에 서명했다.

이슬람법 위원회Sharia Council 같은 많은 종교 단체는 여성이 스스로 자기 신체와 정신을 통제해야 한다는 생각을 용납하지 못하는 강경 근본주의 성직자들로 채워져 있다. 이 성직자들은 (…) 직권을 남용해 우리 종교와 문화의 억압적인 특징에 맞서는 우리 같은 이들에게 수치심과 모욕을 준다. 우리는 가정 폭력, 강간, 일부다처제, 아동 학대에 순순히 복종하지 않았다는 이유로 커다란 대가를 치른다.[26]

SBS에 따르면, 이 운동은 소수민족 여성이 평등한 시민권을 가질 권리를 옹호한다. 이들은 종교재판소가 여성과 남성을 불평등하게 대우하는 문제만 지적하는 게 아니다. 이들은 종교재판소의 존재를 승인하는 것 자체가 소수민족 여성과 다른 이들 간에 불평등을 만들어낸다고 말한다. 종교재판소의 존재는 여성을 영국 시민이기 이전에 소수민족의 일원으로 인식하게 만들어 그 작동 방식이 투명하지도, 민주적이지도 않은 유사 사법 기관에서 여성의 권리가 판결되도록 유도한다(의회는 지상의 법을 바꿀 수는 있지만, 신의 법을 바꿀 수는 없다).

하지만 또 다른 페미니스트는 반대 의견을 표한다. 이들은

'모두를 위한 하나의 법'은 다른 시민과 달리, 일부 소수민족 여성이 정의에 이르는 것을 사실상 저지한다고 주장한다. 특정 종교를 믿는 여성은 세속 법원에서 얻을 수 없는 어떤 절차(예를 들어, 재혼하려면 종교가 이혼을 허용해야 한다)가 필요하기 때문이다.[27] 여기서도 다시 한번, 근본적인 질문은 동일성과 차이 간의 균형이다. 평등은 만인이 똑같은 대우를 받도록 요구하는가? 혹은 어떤 종류의 평등은 모두를 동등하게 대우하지 않음으로써만 성취될 수 있는 건 아닐까?

'권리'와 '평등'은 친숙한 주류 개념이지만, 보기만큼 간단치 않다. 과거나 현재나 권리 개념이 페미니즘에서 중요한 자리를 차지한다고 해도, 그조차 대국적으로 봤을 때 하나의 부분에 불과하다. 사회·문화·경제를 포함한 다른 분야의 변혁이 없다면, 서류상으로만 존재하는 여성의 권리는 현실에서 그들의 삶을 개선하는 데 도움이 되지 않을 것이다.

3장 노동

페미니즘의 관점으로 노동을 논하는 지면에 어떤 이야기가 실릴 것 같은가? 이렇게 물으면 아마 성별 임금격차나 특정 산업에서 여성이 과소 대표되는 문제, 혹은 '유리 천장'이나 소위 '일과 삶의 균형'이라 부르는 문제를 가장 많이 꼽을 것이다. 이는 모두 언론이 '여성 문제'라는 이름으로 대서특필하는 주제다. 이러한 문제로 쏠리는 관심은 여성이 직장에 진출하고, 특히 고위직에 오르는 것이 페미니즘의 유일한 목표는 아닐지라도, 주요 목표 중 하나라고 생각하는 대중의 믿음을 반영하는 동시에 강화한다. 이러한 가정은 집안에서 전통적으로 여성이 맡았던 역할을 페미니즘이 평가 절하한다는 보수주의자의 불만과 함께, 페미니즘은 엘리트 전문직 여성이라는 '제1세계 문제'에만 집중한다는 급진주의자의 불만을 동시에 자아낸다. 하지만 두 비판은 '허수아비 페미니즘'을 공격하는 것이다. 노동에 관한 페미니스트의 사유는 통속적인 고정관념보다 훨씬 다양하고 복잡하다.

여성과 노동을 다루는 대중 논쟁에서 '노동' 개념은 주로 임금이나 보수, 봉급 형태로 돈을 받고 노동력을 제공하는 유급 노동과 동일시된다. 일상 대화에서도 두 단어는 동의어로 취급된다. 예를 들면, 사람들은 아이 돌보는 일이 '노동'이 아니라는 듯, 갓 엄마가 된 여성에게 언제 다시 "일하러 복귀"할 계획이냐고 묻는다. 페미니즘적 관점이 지닌 한 가지 분명한 특징은 가족을 돌보는 것 또한 노동이라는 인식이다. 돌봄 노동은 그 대가로 돈을 받지 않는다는 차이가 있을 뿐이다. 이 또한 페미니스트가 다루는 문제인데, 무급 돌봄 노동은 대부분 여성이 수행하기 때문이다. 이러한 사실은 성별 임금격차 같은 문제를 다룰 때 상식적인 설명인 양 제시된다("여성은 가족을 돌봐야 할 책임이 있기에 남성보다 돈을 적게 번다"). 하지만 페미니스트가 보기에, 여성에게 '가족에 대한 책임'이 있다는 말은 그 자체로 당연한 것이 아니다. 우리는 왜 여성만 두 영역 사이에서 아슬아슬한 줄타기를 해야 하는지, 이러한 현상이 왜 사회 전체의 문제가 아니라 개인 여성이 해결해야 할 문제로 인식되는지 설명해야 한다.

또, '여성과 노동'에 연관된 문제로 익숙하게 논의되는 것들은 주로 극소수 특권층의 문제라고 손쉽게 무시될 수도 있다. 세상의 많은 여성에게는 직업 선택이나 유리 천장 같은 문제를 고민할 사치 따위 부릴 여유가 없기 때문이다. 그들은 월세를 내고 주린 배를 채우기 위해 일한다. 엘리트 전문직 여성과 그렇지 않은 여성이 완전히 다른 세상에서 사는 것은 아니다. 전문직 여성은 청소부, 가정부, 보모, 아이 돌보미와 같은 다른 여성의 노동력에 의지하고 있을지도 모른다.[28] 이러한 일들은 주로 노동자 계층 여성, 유색인종 여성이나 가난한 나라에서 온 이주민 여성에게 맡겨진다. (고용주의 집에서 일하고 때로는 거주도 하는) 그들의 처지는 착취와 학대에 노출되기 쉬운 조건이다. 구호단체들의 기록에 따르면, 이러한 노동 환경이 노예제 수준에 이르는 경우도 많다. 이 노동자들은 외출을 금지당하고, 무임금 노동을 강요당하거나, 여권을 압수당하고, 신체적·성적 폭력을 당하기도 한다.[29]

실로 페미니즘은 일부 여성이 아니라 모든 여성의 상황을 고려해야 한다. 페미니즘은 여성 간의 차이와 불평등을 다룰 줄 알아야 하며, 여성이 다른 여성을 착취하는 문제도 논할 수 있어야 한다. 하지만 서문에서 언급했듯, 페미니즘의 핵심 신념 중 하나는 여성은 여성이라는 이유로 억압당한다는 것이다. 따라서 페미니스트 분석은 (불평등하고 착취적인 관계도 포함한) 여성 간의 관계가 그들이 남성이 아니라 여성이라는 사실 때문에 어떠한 영향을 받는지 짚어야 한다.

예를 들어, 우리는 빈곤 여성의 가사 노동을 착취하는 일이 부유한 여성만의 책임인 양 보이는 이유에 관해 질문해야 한다. 페미니스트의 관점에서 보자면, 이러한 거래의 막후에는 또 다른 당사자가 존재한다. 바로 집안의 남성이다. 부유한 여성이 빈곤한 여성을 착취하는 특정 행위는 가사와 육아는 여성의 몫이라는 기대에서 비롯된다. 만약 여성이 그러한 가사와 육아를 도맡고 싶지 않다면, 이를 대신해줄 사람을 찾는 것 또한 그녀의 책임이 되는 것이다. 여성이 다른 여성과의 계약으로 득을 보는 만큼 남성도 득을 본다(그렇지 않으면 남성은 여성과 함께 가사를 나누어서 하거나, 낮은 수준의 서비스를 받아들여야 한다). 하지만 남성은 착취자로 보이지 않는다. '그'의 일을 대신 할 사람을 고용한 것이 아니기 때문이다.

누군가는 그것이야말로 요점이라고 반문할지도 모른다. 즉, 부유한 가정의 여성은 일해야 해서 하는 게 아니라, 하고 싶어서 하는 것이라고 말이다. 그녀는 선택을 내릴 수 있지만, 다른 여성 대부분은 그러한 선택지를 가지지도 못한다. 많은 여성은 집안일을 하지 않아도 되는 부유한 여성의 자유를 부러워할 것이다. 하지만 여기서 간과되는 지점이 있다. (사회적 계급에 상관없이) 전업주부는 경제적으로 남편에게 의존하는데, 이 의존은 불평등의 일종으로, 부부 관계에서 여성에게 불리하게 작용할 뿐 아니라(예를 들면, 수입이 없는 여성은 남편이 여성을 학대하는 상황에서도 그에게서 벗어나기 어렵다), 여성 집단의 경제적 불이익에도 기여한다. 여성이 남성 '가장'의 수익에 의존할 수 있다는 생각은 여성에게 낮은 임금을 지급하는 것을 정당화하는 논리로 끊임없이 사용되며, 따라서 여성의 수입으로 생계를 꾸리는 가정을 빈곤으로 내몬다. 이러한 이유로 19세기 이후 페미니스트는 유급 노동의 기회를 중요한 정치적 의제로 간주해왔다. 이는 서구의 특권층 여성에게만 중요한 문제가 아니다.

1990년, 경제학자 아마르티아 센은 「1억 명 이상의 여성들이 사라졌다」라는 제목의 글을 썼다.[30] 그는 북아프리카나 아시아 같은 특정 지역에서 남성의 수가 여성의 수보다 현저히 많다는 인구 통계를 기반으로 이러한 주장을 제시했다. 1980년대 중국의 성비는 남성 100명당 여성 94명이었다. 인도 편자브주의 성비는 남성 100명당 여성 86명이었다. 이러한 수치는 예상을 뒤엎는 것이기에 놀랍다. 여아보다 남아가 더 많이 태어나긴 하지만(일반적인 출생 성비는 여아 100명당 남아 105명이다), 유아사망률은 남아가 여아보다 더 높고, 노년에 접어들면 여성의 기대수명이 남성보다 더 길기에, (다른 조건이 비슷하다면) 일반적으로 전체 인구에서 여성의 비율이 조금 더 많아야 한다. 예외는 다른 조건이 같지 않을 때 발생한다. 여아나 여성이 남성과 동등하게 평가되지 못하고 대우받지 못할 때, 여성의 사망률이 불균형하게 높아지는 결과로 이어진다. 여아와 여성은 충분한 음식을 먹지 못하거나, 필요한 의료 서비스를 받지 못해서 사망한다. 어떤 경우, 여아는 고의로 방치되기도 하고 심지어는 살해당하기도 한다. 오늘날에는 수많은 여아가 태어나지도 못한다. 딸을 낳지 않으려는 가족들이 성 감별 임신 중단을 택하기 때문이다.

센은 여성이 남성의 뒷전으로 밀려나는 현상은 경제적 자원이 부족할 때에만 발생하는 게 아니라고 말한다. 그는 세계에서 가장 빈곤한 나라들이 있는 사하라 이남 아프리카 지역은 남성 인구가 여성 인구보다 많지 않다는 점을 지적한다. 인도에서도 비교적 부유한 펀자브주가 더 가난한 케랄라주보다 성비 불균형이 심하다. 그는 집안에서 자원을 분배하는 방식이 진짜 문제라고 지적한다. 그리고 이는 여성의 노동을 둘러싼 문제, 특히 여성이 가정 경제에 실질적으로 이바지하는 생산적 노동을 하는지에 대한 문제와 관계있다. 센의 분석에 따르면 여성은 집 밖에서 돈을 벌며 "유급으로 고용"됐을 때 가치를 인정받고 더 나은 대우를 받는다.

센은 "유급으로 고용"되지 않은 여성이라 할지라도 노동하고 있다고 말한다. 여성은 보통 요리하고, 청소하고, 빨래하고, 옷을 수선하고, 아이, 노인, 병자를 돌보는 데 하루의 많은 시간을 할애한다. 센이 언급하는 일부 사회에서 여성은 물을 길어오거나 땔감을 모으는 등 더 긴 시간이 소요되는 집안일을 도맡기도 한다. 하지만 센의 말을 빌리자면 그러한 노동은 "무급인 데다 존중받지 못한다." 이러한 노동의 산물은 눈에 보이지 않기에 그 노동의 경제적 기여도 인정받지 못한다(많은 이론가는 가사 노동을 생산 노동이 아니라 '재생산 노동'이라고 분류한다. 가사 노동 덕에 집안의 다른 구성원은 음식 준비 등의 업무 부담에서 벗어나서 생산 노동에 뛰어들 수 있게 되기 때문이다). 이는 북아프리카나 펀자브주 여성만의 문제가 아니다. 재생산 노동은 모든 사회에서 이루어져야 하며, 따라서 이는 모든 사회의 여성에게 중요한 문제다.

2014년, 경제협력개발기구OECD는 "전 세계적으로 여성이 무급 돌봄 노동에 들이는 시간은 남성보다 최소 두 배에서 최대 열 배 더 많다"라고 보고했다.[31] 이에 따르면 성별 간 무급 노동 시간 격차는 지역과 나라마다 차이가 있다(물론 사회적 계급에 따른 차이도 있다. 일반적으로 더 빈곤한 가정일수록 격차가 더 벌어진다). 성별 격차가 특히 더 큰 인도에서 여성은 하루 평균 6시간을, 남성은 36분을 무급 돌봄 노동에 할애한다. 하지만 격차가 훨씬 작은 곳에서도 여성은 여전히 남성보다 두 배 더 많은 무급 노동을 한다(예를 들어, 북아메리카에서 남성은 하루 평균 2시간이 조금 넘게, 여성은 4시간 약간 못 미치게 무급 돌봄 노동을 수행한다). 이처럼 불공평한 가사 노동 분업은 유급 노동 시장에서 여성의 입지에 영향을 미친다. 가사 노동 시간이 아주 긴 곳에서 여성은 유급 노동에 전혀 종사할 수 없다. 가사 노동 시간이 약간 짧은 곳에서도 여성은 시간제나 임시직, 저임금 직종에 한정될 가능성이 크다. 가사 책임을 짊어진 여성은 교육이나 훈련을 이수해 고용 가능성과 소득 능력을 향상하는 것조차 불가능하기도 하다.

OECD는 개발도상국에서 이러한 현상이 심각한 문제라고 말한다. 이는 경제 성장을 이룩하려는 나라에서 여성의 노동력을 최대한으로 활용하지 못한다는 뜻이기 때문이다. OECD 보고서는 해당 문제를 해결하기 위해 정부가 할 수 있는 다양한 조치를 제안한다. 정부는 가사 노동 시간을 줄일 수 있는 사회 기반 시설에 투자하거나(가나의 경우, 더 많은 가정에 전기가 공급되면 땔감을 모으는 데 시간을 할애하는 여성도 줄어들 것이다), 노약자를 위한 돌봄 시설이나 보호 시설 같은 공공 서비스를 늘리거나(보고서에는 공사 현장에서 일하는 여성이 아이를 맡길 수 있도록 이동식 탁아소를 제공한 프로젝트를 예로 들고 있다), '가족 친화적' 정책을 도입하거나(탄력 근무제, 육아휴직 등), "돌봄 노동을 탈여성화해" 남성이 더 많은 돌봄을 수행할 수 있도록 "뿌리 깊은 사회 규범과 젠더 고정관념"을 뒤흔드는 등의 노력을 기울일 수 있다.

하지만 그중 마지막 제안만이 성 불평등을 직접 다룬다는 점이 눈에 띈다. 다른 제안들은 남성에게 가사 노동의 부담을 전가하지 않으면서 여성의 짐을 덜어주려는 목적으로 기획됐다. 무급 노동을 재분배하기가 그리 쉽지 않다는 사실은 OECD가 제시한 통계에서도 잘 나타나 있다. 복지가 뛰어난 서유럽 같은 부유한 나라의 가정에서는 이미 시간을 절약해주는 기술이나 육아 시설, 탄력 근무제 등이 도입된 상태지만, 그곳에도 여전히 무급 노동을 더 많이 담당하는 쪽은 여성이다. 성별에 따른 노동 분업이 이토록 고질적인 이유가 뭘까? 우리는 이 현상을 어떻게 이해해야 하고, 어떤 행동을 취해야 할까?

이 책의 다른 논의들과 마찬가지로 이러한 질문들은 페미니스트 사이에서도 수많은 논쟁과 의견 충돌을 빚어냈다. 이번 장의 나머지 부분에서는 이 문제에 관해 페미니스트들이 내놓은 서로 충돌하는 분석과 이론, 제안을 살펴볼 예정이다. 하지만 그에 앞서, 페미니스트의 노동 논의가 현재의 지점에 이르게 된 과정을 톺아보자.

인간 사회 대부분은 그 나름의 성별 분업 체제가 있어서 어떤 업무는 여성에게, 다른 업무는 남성에게 주어지도록 합의되어 있다. 규모가 작은 전통적 사회에서 이러한 합의는 종종 평등한 것으로 묘사된다. 생활하려면 서로의 노동 생산물이 필요하다는 점에서 여성과 남성은 경제적으로 상호의존관계이기 때문이다. 하지만 여성 혹은 남성에게만 보편적으로 할당되는 업무 형태는 그리 많지 않은 것처럼 보인다. 예를 들어, 어떤 집단에서는 옥수수 재배가 남성의 일이지만 다른 집단에서는 여성의 일이기도 하다.

역사학자에 따르면, 중세나 유럽의 초기 현대처럼 전통 사회보다 규모가 크고 복잡한 산업화 이전 사회에서는 남성과 여성의 노동 구성에 위계질서와 상호주의가 모두 존재했다. 산업혁명 이전에는 대부분의 생산이 가정에서 이뤄졌고, 생산물은 주로 팔기보다 직접 사용했다. 이러한 생산 방식은 양성의 노동을 모두 필요로 했다. 예를 들어, 남성이 소를 돌보면 여성은 소를 도축하고 고기를 보관하며, 버터를 휘저어 그 지방으로 양초를 만드는 식이었다. 장인이나 상인과 결혼한 여성들은 남편의 사업을 배우고 그의 일을 돕기도 했다. 때로 이 여성들은 남편의 대리인을 자처하거나, 남편이 죽고 난 뒤에는 사업을 물려받았다. 하지만 이러한 합의를 성 평등하다고 부를 수는 없다. 결혼 자체가 평등한 두 사람의 관계가 아니었기 때문이다. 영국(과 미래의 그 식민지)에서 결혼한 여성은 '기혼 여성'이라는 법률적 규정에 속하게 됐는데, 이는 결혼한 여성이 남편과 독립적인 존재일 수 없다는 점을 명시한다. 그녀의 재산, 소득, 서비스는 모두 남편에게 속했다. 아내가 남편과 함께 일한다고 해서 동등한 파트너는 아니었다. 하지만 여성의 기여가 필요하다는 사실 때문에 여성은 어느 정도 영향력을 지닐 수 있었다. 당시 부부는 한쪽만 일방적으로 의존하는 관계가 아니라 서로 의존하는 관계였다.

산업혁명이 이러한 관계를 바꿔놨다. 생산 활동이 이루어지는 장소는 점차 가정에서 공장이나 제작소로 옮겨갔고, 그곳에서 남성과 여성, 아이 들이 임금을 받고 노동했다. 그 결과, 가사 노동은 생산 활동이 아니라 재생산 활동이 됐다. 이제 주부의 가사 노동은 가정에서 쓸 물건(음식, 맥주, 옷, 양초)을 만드는 행위가 아니라, 가정의 다른 구성원이 집 밖에서 일할 수 있도록 돕는 가사 서비스(요리, 청소, 빨래)를 제공하는 일이 됐다. 예전에 '집 안에서' 생산했던 물건들은 이제 집 밖에서 벌어온 돈으로 샀다. 이때만 해도 가사 노동은 온전히 여성의 책임이 아니었다(당시 가사 노동은 과거의 여성들이 해오던 일이었다). 변한 것은 그러한 노동이 행해지는 조건이었다. 새로운 산업 경제에서 '직장'과 '집'은 서로 다른 영역이 됐다. 임금노동을 하는 여성은 이제 '직장'에 있지 않을 때 요리나 청소를 도맡아야 했다. 사실상 여성은 '이중 부담second shift'을 하게 된 것이다.

여성도 산업 노동에 다수 뛰어들었지만, 그들의 임금은 항상 남성보다 낮았고 그래서 갈등도 생겼다. 남성은 싼값에 일하는 여성과 경쟁할 수는 없으며, 그렇다고 해서 임금을 낮출 마음도 없다고 주장했다. 그렇게 남성은 가정을 부양할 만큼 충분히 돈을 벌어야 하지만 여성은 집안일을 우선순위로 두어야 하며, 집 밖에서 가장의 임금에 보탬이 되는 정도의 푼돈을 벌어오는 것이 이상적이라는 생각이 뿌리내리기 시작했다. '남성 가장과 그에 의존하는 여성'이라는 이 형식은 오늘날 사람들이 '전통적' 가족상 혹은 여성의 '전통적' 역할이라고 말하는 것이다. 하지만 역사를 돌아보았을 때, 이는 전혀 '전통적'이지 않다. 심지어 보편적 행태도 아니었다. 그러한 형식은 단지 남성에게 잘 맞았을 뿐만 아니라 자본주의의 이해관계에도 들어맞았기에 이상적인 것으로 여겨지게 됐다. 주업이 집에 머물며 가정을 돌보는 것이 된 여성은 값싸고 간편한 '산업예비군reserve army of labour'을 형성하게 됐다. 산업예비군이란 필요시에(예를 들어, 전쟁에 나간 남성의 빈자리를 메워야 하는 전시 상황이나 경기 호황) 차출했다가, 노동력이 필요 없는 불경기나 평시에는 다시 철수할 수 있는 유휴 인력 혹은 불완전고용자를 일컫는 마르크스주의 용어다. 이처럼 여성이 산업예비군으로 취급되는 것은 여성에게는 이미 가정에서 해야 할 일이 있고, 유급 노동 일자리는 부양할 가정이 있는 남성에게나 필요하다는 말로 정당화되기도 했다.

여기서 과거 시제를 사용한 이유가 따로 있다. 전 지구적이고 신자유주의적인 형태를 띤 현재의 자본주의는 비용을 줄이고 이익을 극대화하는 다른 방법을 제시하기 때문이다. 낮은 임금을 수용하는 외국인 노동자를 고용하거나, 고용주가 필요할 때 언제나 노동할 수 있어야 하지만 일감이 있으리라고 보장하지 않는 '제로아워 계약zero-hours contracts'으로 노동자를 몰아넣는 것이 그 예다. 게다가 기업은 비용이 적게 드는 다른 나라로 사업체 일부를 옮기거나 인력 의존도를 줄일 수 있는 기술에 투자하기도 한다. 이러한 관행에 가장 커다란 영향을 받는 이들은 여성이 아니라 제1세계의 노동계급 남성이다. 한때 그들이 맡았던 제조업은 이제 해외로 이전하거나 자동화된 반면, 새롭게 형성된 일자리 대부분은 안정성이 떨어지고, 임금이 낮으며, 여성이 대부분인 서비스직이다. 토론토 일간지《글로브 앤드 메일》 The Globe and Mail에 따르면, 2008년 금융위기로 도래한 불황 기간에 캐나다의 남성 실업률이 사상 최대 격차로 여성 실업률을 앞질

렀다.

남성이 '가족 임금family wage'을 받고 아내와 자녀를 부양하는 오래된 모델은 점차 현실의 삶과 동떨어지게 됐지만, 문화적인 상상력 속에서는 여전히 위력을 발휘하고 있다. 최근 미국과 유럽 곳곳에서 우파 포퓰리즘이 우후죽순 급증하는 현상은 인종 차별이나 외국인 혐오뿐만 아니라 남성 가장이 존재했던 황금기에 대한 향수에서 비롯한 것이기도 하다. 도널드 트럼프가 미국 유권자(특히 교육 수준이 낮은 백인 남성)에게 호소한 내용 대부분은 과거에 가정에서의 권위와 사회에서의 지위를 남성에게 쥐여줬던 고소득의 안정적인 일자리를 돌려주겠다는 약속이었다. 이처럼 과거로 회귀하려는 욕망은 2017년에 유타의 한 지역 신문이 수신한 편지에도 잘 나타나 있다. 편지 작성자는 "남성에게 높은 임금을 줘서 가정을 부양하고, 여성은 아이를 기르며 집에 머물 수 있게 해야 한다"라는 전통적인 이유를 들며, 의회 의원들에게 남녀 동일 임금을 보장하는 법안을 기각하라고 촉구했다.[32] 이러한 주장에는 여성이 남성 가장에게 의존하는 것이 바람직할 뿐만 아니라, 모든 여성에게 그러한 선택지가 있다는 전제가 깔려 있다. 하지만 실제 여성의 상황은 그렇지 않은 경우가 많다. 결혼하지 않은 상태이거나(미혼, 이혼, 사별) 함께 사는 남성이 실업 상태여서 가장이 될 수밖에 없는 여성도 있기 때문이다. 이는 소위 '황금기'라고 불리던 때도, 수백 년 전에도 마찬가지였다. 어느 시대에나 여성의 수입에 의존하는 가정이 존재했다. 그러한 수많은 가정은 남성보다 여성에게 임금을 적게 주는 관행 때문에 빈곤을 면치 못한다. 이는 유타의 편지 작성자가 반대했던 동일 임금법을 페미니스트들이 오랫동안 지지해온 이유 중 하나다(다른 이유는 공정성의 기본 원칙이다).

하지만 성별 임금 격차는 고용주가 동일 노동을 하는 여성에게 남성보다 적은 임금을 주기 때문에 발생하는 것만은 아니다(앞서 살펴봤듯, 이는 동일 임금법이 시행된 지 40년이 넘은 영국에서도 여전한 문제다). 노동 시장의 많은 분야에는 성별 직종 분리 현상이 나타난다. 여성과 남성은 다른 업무를 하고, 여성이 하는 일은 여성이 했다는 바로 그 이유로 저평가된다.[33] 그중 일부는 여성이 집 안에서 하는 무급 노동의 연장선에 있는 업무로 보이기도 하며, 따라서 남성이 해내는 일보다 노력과 기술이 덜 필요하다고 여겨지기도 한다. 이러한 편견은 영국에서 동일 임금이 입법될 수 있도록 길을 닦아준 노사분규의 핵심 쟁점이었다. 이 분규에는 대거념의 포드Ford 공장에서 차 시트커버를 만들던 기술자들이 참가했다. 이 여성들은 재봉틀에 실도 꿰지 못할 것 같은 남성 관리자의 거듭된 탄압에도 불구하고, 그들을 숙련 노동자가 아니라 비숙련 노동자로 보는 시선에 맞서 수년간 투쟁했다. 마찬가지로 1970년대 중반, 내가 병원 세탁소에서 근무할 때 세탁기를 싣고 내리는 일을 했던 남성은 수술 가운과 간호사복을 다리던 여성보다 50퍼센트나 더 많은 임금을 받았다. (세탁기 하역 작업보다 다림질에 필요한 숙련도가 더 낮다고 생각하는 이들은 분명 세탁을 많이 해보지 않았을 것이다.)

임금 격차를 유발하는 또 다른 요소는 어린 자녀가 있는 여성이 유급 노동 현장에서 휴직하거나 시간제로 노동하는 경우가 많다는 점이다. 그 결과, 여성들은 경력 단절 없이 근무하거나 정규직으로 일하는 이들보다 적게 벌고, 경력 사다리를 오르는 데 더 오래 걸리고, 결국에는 더 적은 연금을 받게 된다. '일과 가정'(혹은 유급 노동과 무급 노동)이라는 서로 충돌하는 요구 사이에서 균형을 맞추는 일은 종종 여성 개인의 '선택'인 것처럼 포장된다. 하지만 '선택'이라는 언어는 사실상 여성의 선택이 그들도 어찌할 수 없는 구조적 요인에 제약을 받고 있다는 사실을 감춘다. 아이를 갖기 전부터 이미 여성의 수입은 남성 파트너보다 적은 경우가 많기에 경제적 관점에서 봤을 때 여성이 주요 양육자가 되는 것이 합리적이다. 또, OECD가 "뿌리 깊은 사회 규범과 젠더 고정관념"이라고 이름 붙인 문화적 요인도 있다.[34] 아이의 주요 양육자는 어머니여야 한다는 강력한 사회적 기대가 그것이다. 이러한 기대가 형성된 이유는 많은 남성이 양육자의 역할을 떠맡고 싶어 하지 않거나, 양육자가 되었을 때 받게 될 고용주의 눈총을 걱정하기 때문이다. 마지막으로 중요한 사항은 유급 노동이 조직되는 특유의 방식이 있다는 것이다. 즉, 정규직 노동자는 무급 노동을 다른 누군가에게 떠넘겨도 된다고 전제한다. 일일 8시간이라는 표준 노동 시간은 학교의 표준 수업 시간이나 병원의 표준 영업시간보다 더 길다는 사실에서 그러한 전제가 단적으로 드러난다.

페미니스트가 보기에 개인 여성에게 선택권이 주어져야 한다고 주장하는 것만으로는 부족하다. 우리는 왜 여성이 특정한 선택을 내리게끔 강요받는 방식으로 사회가 조직됐는지, 다른 방식을 만들어낼 수 있는지, 혹은 만들어야 하는지 질문해야 한다. 노동에 관한 페미니스트의 논의는 대다수가 이러한 질문을 중심으로 발전해왔지만, 또 다른 페미니스트는 다른 접근법을 취했다.

사회주의·마르크스주의 페미니스트는 거시적인 경제적·사회적 구조 내에서 여성의 노동이 차지하는 위치를 이해하는 데 특히나 더 관심을 보여왔다. 현재의 체계에서 이득을 보는 것은 누구인가? 이러한 질문에 대해 그들은 유급이건 무급이건, 여성의 노동은 그 가족뿐 아니라 자본주의와 국가에도 이득을 가져다준다고 답한다. 자본가들은 값싼 노동력의 산업예비군을 갖출 수 있는 데다, 여성의 무급 노동으로 보살핌 받은 노동자의 서비스를 고용주는 아무런 비용도 들이지 않고 얻는다. 국가는 공공 서비스 부문에서 비용을 아낄 수 있다. 여성은 아무런 대가도 없이, 혹은 최소한의 복지 혜택만을 받으면서 그 많은 돌봄 노동을 도맡고 있기 때문이다.

이러한 마르크스주의 분석은 여성이 제공하는 가사 노동의 경제적 가치를 강조한다. 여성에게 '가사 노동 임금'을 지급해 보상해야 한다는 제안도 이들의 논의로부터 나왔다.[35] 그렇게 하면 이론상으로는 앞서 언급한 두 가지 문제가 해결된다. 첫째는 남편에게 경제적으로 의지할 수밖에 없는 주부의 안정성·자율성 부족 문제고, 둘째는 여성이 무급 이중 부담의 짐을 짊어져야 하는 문제다. 하지만 가사 노동에 임금을 지급하는 것만으로 해결되지 않는 것도 있다. 이는 성별 분업 체계를 문제 삼지 않으며(여성이 가사 노동을 하는 대가로 돈을 받는다면, 남성은 가사 노동을 분담할 이유가 더 줄어든다), 집에서 집안일을 하는 것은 본질적으로 고립된 일이자 성취감이 없는 일이기에 그 누구도 이를 전업으로 삼지 말아야 한다는 주장도 다루지 않는다.

일각에선 여성을 가사 노동이라는 허드렛일에서 해방하는 것이 더 진보적인 목표라며, 가사 노동에 임금을 지급하라는 요구에 반대해왔다. 앤절라 데이비스는 이러한 목표를 달성하려면 가사 노동의 수행 방식을 산업화 이전의 방식(모든 여성이 집안에서 가정을 위해 반복적으로 같은 일을 하는 방식)에서 더 산업화된 방식으로 전환해야 한다고 말했다. 더 산업화된 방식이란 "높은 보수를 받는 훈련받은 노동자들이 기술적으로 진보한 청소 기계를 가지고 집집마다 돌아다니며, 오늘날 주부들이 그토록 고되고 원시적으로 하는 일을 눈 깜짝할 새에 효율적으로 처리"하는 것을 일컫는다.[36] 슐라미스 파이어스톤 같은 급진적 페미니스트가 제안하는 해결책은 산업화가 아니라 핵가족(그녀에게 핵가족은 여성과 아이를 억압하는 핵심 제도다)의 대안을 마련해 가사 노동과 육아를 공동화하는 것이다. 그녀는 초기의 소비에트 코뮌 같은 계보에서 시행된 이전의 실험들이 여성에게 늘 인기 있었던 것은 아니라는 사실을 잘 알았다. 하지만 그녀는 친밀함과 돌봄에 대한 사람들의 욕구를 충족할 유일한 제도가 가족이라는 주장을 거부했다. 그녀가 보기에 소비에트 실험의 문제점은 그러한 욕구를 제대로 고려하지 않았다는 점이다. 사실상, 이는 "여성을 남성의 세계로 징집"해간 거나 다름없었다.

현대 자본주의 사회에도 똑같은 비판을 적용할 수 있다. 자본주의 사회는 여성을 노동력으로 흡수하는 데에는 열심이지만 (그 예로, 여성이 경제 성장에 도움이 될 만한 분야라면 남성의 생산노동 세계로 여성을 징집한다), 남성을 여성의 돌봄 노동 세계로 징집하는 데에는 기껏해야 반쪽짜리 노력만 쏟을 뿐이다.[37] 많은 경우, 자본주의 사회는 OECD의 위선적인 권고와 같이 "뿌리 깊은 사회 규범과 젠더 고정관념"에 딴지 거는 것 이상으로는 나아가지 않는다. 남성의 참여를 독려하려면 돌봄 노동을 "탈여성화"해야 한다는 OECD의 또 다른 제안에는 더 근본적인 문제가 담겨 있다. 여성은 남성과 같은 일을 하면 지위를 얻을 수 있다고 기대되는 반면, 남성은 '여성화된' 돌봄 노동을 수행하면 그들의 지위가 낮아진다고 본다.

돌봄 노동을 하면 확실히 남성의 소득이 낮아질 것이다. 카트리네 마르살에 따르면 스웨덴에서 죽어가는 여성 노인을 돌보는 간병인의 시급은 69크로나(9000원) 정도로, 부동산 중개인이나 경비원과 비교하자면 훨씬 적은 금액이다. OECD는 돌봄을 '탈여성화'하자고 말하는데, 성별 간 진정한 평등을 이루려면 직장 근무에 따라붙는 가치와 인식을 '탈남성화'하는 과정도 필요하다. 그래야만 노인이나 환자를 돌보는 사람보다 땅을 팔거나 지키는 사람에게 더 많은 돈을 지급하는 것이 '당연하게' 보이지 않는다. 더 넓게 보자면, 우리는 노동이 구성되는 방식의 모든 면면에서 남성 노동자를 표준 노동자로 가정하는 것을 멈춰야 한다. 소위 가족 친화적인 정책조차도 여성만의 '특별한 필요'를 위한 양보로 여겨지기 일쑤다. 그 예로 2017년, 호주의 어떤 연구자들은 여성이 '가사'에 투자하는 시간을 보상하려면 여성의 직장 근무 시간을 주당 최대 34시간으로 단축해야 한다고 주장했다(남성의 최대 근무 시간은 47시간이다).[38] 이러한 정책이 도입된다면 고용주는 여성을 고용하기 꺼릴 것이고, 남성은 '가사'를 분담하려 하지 않을 것이기에("그건 너희 여성의 일이야. 가사 노동을 한답시고 직장 근무도 단축해줬잖아.") 그 부정적 결과가 이익을 초과할 가능성이 크다. 더 급진적인 접근법은 성별과 관계없이 표준 노동자는 가사와 돌봄 책임이 있다는 전제하에 모든 이의 직장 근무시간을 줄이는 것이다.

여성과 노동의 관계는 제도적·사회적 요인(국가의 법이나 정책, 자본주의의 작동 방식과 고용주의 요구 등)뿐만 아니라, 개인적인 요인으로 결정되기도 한다. 여러 노동 관련 문제(노동시간과 임금, 가사 노동과 육아)는 여성과 남성 사이에 갈등을 유발한다.

이는 "개인적인 것이 정치적인 것이다"라는 페미니즘의 원칙을 보여주는 좋은 예다. 갈등의 핵심에는 권력 문제가 자리하고 있다. 누가 누구를 위해 무엇을 할 의무를 지니고 있는지, 누가 누구보다 더 많은 권위를 지니는지 등의 문제 말이다.

내가 어렸을 때는 기혼 여성에게 이렇게 묻는 것이 자연스러웠다. "남편은 당신이 직업을 갖는 것을 '허락'하나요, '꺼려' 하나요?" (지금만큼 그때도 "당신은 남편이 직업을 갖는 게 싫으신가요?"나 "남편이 집안일만 하는 걸 당신은 허락하나요?"같이, 정반대의 상황을 가정한 물음은 어색하게 느껴졌을 것이다.) 그러한 질문에는 여성은 남편의 권위에 복종해야 하며, 여성의 유급 노동은 남편의 권위에 도전하는 것이라는 가정이 깔려 있었다. 오늘날 여성이 직업을 갖는 것에 반대하는 목소리는 줄었지만(많은 가정에서 여성의 수입은 무척 중요하다), 한 연구에 따르면 여성 파트너가 남성보다 돈을 더 많이 번다면 일반적으로 남성은 여성이 직업을 갖는 것에 분개한다. 또 어떤 연구에 따르면, 돈을 더 많이 버는 여성 파트너를 둔 남성은 전통적인 '가장'보다 집안일을 더 적게 하며 외도할 확률도 더 높다.[39] 이러한 현상은 경제적인 관점으로만 설명될 수 없다. 이는 남성성 개념과 성별 간 '올바른' 관계에 대한 개념에서 비롯된 것이다.

나는 이번 장을 열면서 여성에게 유급 노동의 기쁨을 깨치라고 촉구하는 동시에 가정에서의 전통적인 역할을 평가 절하하는 대중적인 페미니즘 관점을 선전 활동의 일종이라고 말했다.

현실은 그보다 더 복잡하다. 페미니스트 간에 서로 다른 관점이 존재할지라도, 그들은 모두 같은 지점에서 출발한다. 여성의 딜레마가 "직장 노동을 해야 하는가, 집에 머물러야 하는가?"(많은 여성에게는 집이 직장이다)라는 문제에만 국한되지 않는다는 점에 대한 이해. 진짜 문제는 여성이 아니라 남성의 필요를 중심으로 구성된 이 세계에서 무급 노동과 유급 노동의 요구를 어떻게 협상하는가다.

4장 여성성

시몬 드 보부아르는 『제2의 성』 서문에서 다음과 같은 역설을 언급했다.

인간종種에 암컷이 존재한다는 사실에는 모두가 동의한다. 이제까지와 마찬가지로 오늘날에도 인류의 절반은 암컷이다. 그런데도 여성성이 위험에 처해 있다는 말이 들려온다. 우리는 여성으로 존재하고, 여성으로 남아 있고, 여성이 되라고 요구받는다. 그 말인즉, 모든 암컷 인간이 반드시 여성인 것은 아니라는 뜻이다. 여성으로 인정받기 위해서는 여성성이라고 알려진 불가사의하고도 위태로운 현실에 참여해야 한다.

보부아르가 이 글을 쓴 1940년대에 인기 있던 사조는 오늘날 '본질주의'라고 부르는 것이었다. 본질주의는 보편적이고 변치 않는 '여성'의 본질이란 여성의 생물학적 생식 기능으로 결정되며, 여성성이란 여성의 자연스러운 표현이라고 봤다. 보부아르는 이러한 정의가 지나친 단순화라고 주장했다. 여성이라는 단어는 생물학적 범주뿐만 아니라, 더 중요하게는 사회적 범주를 뜻하기도 한다. 사회적 범주로서의 '여성'이 되려면 암컷으로 태어나는 것만으로는 충분치 않다. 특정한 때와 장소에서 여성에게 적합하다고 여겨지는 행동 양식과 자기표현 방식을 습득해야만 한다. 이에 보부아르는 『제2의 성』에서 "여성은 태어나는 것이 아니라 만들어지는 것이다"라는 말을 남긴다. 1968년 이후, 영어권 페미니스트들이 이러한 통찰을 빌려 제2 물결을 주도했다. 이들은 수컷/암컷을 의미하는 생물학적 섹스sex와 문화적으로 정의되는(혹은 이후 보편적인 체계가 되어 '사회적으로 구성된') 남성성/여성성을 뜻하는 젠더gender를 이론적으로 구분했다.

여성성이 사회적으로 구성된다는 것을 보여주는 한 가지 중요한 증거는 '여성스러운' 행동이란 보편적이지도, 불변하지도 않는다는 사실이다. 이는 문화와 시대에 따라 천차만별이다. 20세기 중반의 또 다른 중요한 사상가인 미국의 인류학자 마거릿 미드는 규범적이고 바람직하다고 여겨지는 남녀의 사회적 역할과 성격이 사회마다 놀라우리만치 다르다는 것을 세상에 알렸다. 파푸아뉴기니의 세 부족 사회를 연구한 결과물이자 1935년에 처음 출판한 『세 부족사회에서의 성과 기질』에서 그녀는 챔불리족, 아라페시족, 먼더거머족을 비교했다. 챔불리족에서 책임이 더 막중한 쪽은 여성이었고, 그보다 무능하게 보이고 소극적이며 더 감정적인 쪽은 남성이었다. 다른 두 부족인 아라페시족과 먼더거머족은 양성 모두 같은 가치를 지향했다. 아라페시족은 모두 평화로운 성격이었고, 먼더거머족은 모두 공격적 성향이 짙었다. 이에 미드는 인간의 본성이란 극도로 유연하며, 개인 내면에서 그것이 발달하는 방식은 생물학의 명령보다 문화에 더 많은 영향을 받는다고 결론지었다.

이러한 얘기를 꺼낸 이유는 시공간을 초월해 많은 여성이 공통으로 겪는 몇몇 경험들(예를 들어, 여성 대다수가 월경을 경험하고, 많은 여성이 임신과 출산을 경험한다)이 생물학적 특성에서 비롯됐다는 사실을 부인하기 위해서가 아니다. 하지만 인간의 가장 기초적이고 보편적인 경험(성별과 관련 없는 예시로 식사, 죽음 등이 있다)조차 항상 문화에 스며들어 있다는 점도 간과해선 안 된다. 여성이 월경이나 임신 같은 생물학적 과정을 실제로 겪어내는 방식은 그 과정 자체의 성질뿐만 아니라, 여성이 속한 사회에서 그러한 과정이 이해되고 다뤄지는 방식에서도 영향을 받을 것이다.

여성이 되는 과정에서 익혀야 하는 것 중 상당수는 생물학적 여성성과 전혀 관련이 없다. 예를 들어, 어린 시절 내 남동생이

교복 셔츠의 단추를 잠그는 방향이 나와 달랐다는 점이나, 휘파람을 불거나 다리를 벌리고 앉으면 부모님이 남동생은 빼고 나만 꾸짖었다는 점 등은 생물학적 성차로 설명할 수 없다. 이러한 행동을 한다고 해서 여성을 '여성이 아니다'라고 말할 수 없다(여성 인간인 나는 그러한 행동을 완벽하게 해낼 수 있다). 그보다는 '여성스럽지 않다'라는 말이나 혹은 내 부모님이 자주 말씀하셨듯, '숙녀답지 않다'라는 말이 더 적합하다. 즉, 이는 (중산층) 여성성의 특정 규범에 어긋난다는 뜻이다. 여성의 행동이나 외모가 '여성스럽지 않다'라고 말해도 자기 모순적인 헛소리라고 핀잔맞지 않는다는 사실은 여성성이 여성임과 다르다는 것을 보여주는 또 다른 증거다. 이에 작가 수전 브라운밀러는 다음과 같이 말한다.

> [여성성은] 언제나 더 많은 것을 요구한다. 여성성은 비록 자연에 존재하지 않더라도, 끊임없이 자발적으로 차이를 입증함으로써 청중을 안심시켜야 한다. 혹은 여성성은 자연적 차이를 포착해 포용하고, 음에 맞춰 거창한 교향곡을 작곡해야 한다.[40]

여성성이란 문화적 구성물일 뿐 아니라, 문화적 의무이기도 하다. 즉, 기대나 규정, 금지의 형태를 띠며 보상과 처벌의 체제를 통해 강요된다.

물론 여성성을 강요한다고 해서 늘 효과가 있는 것은 아니었다. 예나 지금이나 많은 여성이 관습적인 여성성을 거부해왔고, 우리 문화의 이상화된 여성성 개념을 완전하고 일관되게 구현하는 이는 거의 없다. 그러한 기대에 얼마나 부응할지는 우리가 자유롭게 선택할 수 있지만, 그에 따르는 결과는 개인이 선택할 수 있는 문제가 아니다. 어린 시절에 나는 휘파람을 불겠다고 선택할 수 있었지만, 주위 사람들이 내 행동을 '숙녀답지 않다'라고 생각하거나, 나를 그렇게(즉, 부정적으로) 판단하는 것을 막을 수는 없었다.

남성성은 어떠한가? 이 또한 남성으로 태어난 사람이 배워야 할 규칙을 일컫는 문화적 구성물이 아닌가("남자는 울면 안 된다"라거나 "진짜 남자는 감정을 드러내지 않는다"라는 규칙 등)? 남성도 남성성 규범에 부응하면 보상받고, 벗어나면 처벌받지 않는가? 요컨대, 이분법적 젠더 체계는 모두를 옭아매고 억압하고 있는 게 아닌가? 이 모든 질문에 짧게 답하면, '그렇다'. 여성성이 사회적으로 구성된다면 남성성 또한 마찬가지다. 이 둘은 관계적 용어로, 서로의 대조 속에서 정의된다. 하지만 이를 단순히 '동전의 양면' 정도로 치부해서는 안 된다. 여성성과 남성성의 관계는 완벽한 대칭을 이루는 것처럼 보일 수도 있지만, 자세히 들여다보면 그렇지 않다. 보부아르는 『제2의 성』에서 이렇게 썼다. "남성man이라는 단어가 인간 일반을 지칭하는 데 쓰인다는 데서 알 수 있듯, 남성은 양성陽性과 중성中性을 모두

의미한다. 반면 여성은 제한적 기준에 따라 정의되어 오로지 음성陰性만을 의미하기에 상호성이 결여된다."[41]

이러한 관점에서 젠더 체계는 동등하지만 서로 반대되는 두 용어 사이의 대조 관계에 기반한 사회적 범주가 아니다. 이는 남성성이 여성성보다 우월한 위치를 점하는 위계질서다. (셔츠 단추의 배치처럼) 일부 젠더 구분은 자의적이고 사소한 것처럼 보이기도 하지만, 다른 구분들은 남성이 권력을 행사하고, 여성은 그를 지원하는 부차적 역할만 맡는 사회 체계와 더 직접 연관되어 있다. 남성성은 활동적이고, 적극적이고, 이성적이고, 강인하고, 용감한 것이다. 여성성은 수동적이고, 순종적이고, 감정적이고, 연약하고, 보호가 필요한 것이다. 여성이 지녀야 한다고 장려되는 특징은 여성의 열등한 사회 지위를 정당화하는 데 동원되는 특징이기도 하다. 또, 많은 개인 남성과 소년이 남성성을 갖추라는 요구를 억압적으로 느끼며, 그중 어떤 요구는 남성에게 커다란 해악을 끼친다는 것은 두말할 것 없이 사실이다. 남자답지 않다고 여겨지는 남성은 심각한 제재를 받을 수도 있다. 극단적으로 그 처벌은 죽음에 이르기도 한다. 하지만 페미니스트는 이러한 젠더 체계가 양성 모두에 부정적 영향을 미친다는 점을 인지하면서도, 그 체계가 복무하는 더 큰 목적을 놓치지 않는다. 즉, 젠더 체계는 여성보다 우월한 남성 집단의 지위를 유지하기 위한 장치의 일부다.

물론 페미니스트는 현재의 젠더 체계를 바꾸길 원한다. 하지만 다른 사안에서도 그렇듯, 이 체계를 어떻게 바꾸느냐를 놓고 페미니스트들은 다양한 견해를 내놓는다. 젠더 '폐지론자' 페미니스트는 슐라미스 파이어스톤의 말을 인용하며 "인간 생식기의 차이가 문화적으로 중요하지 않은"[42] 세계를 옹호한다. 반면, 다른 이들은 개인이 더 다양한 젠더 정체성을 자유로이 선택할 수 있게 되기를 원한다. 혹은 이분법적 젠더 체계를 전복하는 것보다, 현재의 규범이 지닌 편협함과 경직성에 도전하는데 더 관심을 쏟는 이들도 있다.

이 장의 나머지 지면에서 나는 1960년대 이후 페미니스트의 이론 분석과 정치 활동에서 두드러지게 나타난 여성성에 관한 두 가지 문제를 깊이 있게 들여다볼 것이다. 첫 번째는 거의 모든 페미니스트가 억압적이라고 느끼는 것에 관한 문제로, 소녀와 여성의 외모에 대한 규범적 기대가 그들에게 미치는 영향이다. 먼저 언급할 두 번째 문제는 어린 시절 형성기에 여성성(과 남성성)의 규범을 습득하는 방법에 관한 것이다.

1949년에 시몬 드 보부아르가 "여성은 태어나는 것이 아니다"라는 반反본질주의적 주장을 내세우자 수많은 비판이 쏟아졌다. 그중 아동의 발달을 둘러싼 문제에서 가장 치열한 논쟁이 펼쳐졌다. 여성과 남성 간의 차이는 양육의 산물이라기보다는 자연의 산물에 가깝다고 주장하는 이들은 아동이 사회규범과 기대를 인식하기 전인 생애 초기 단계부터 성별 간 차이가 나타난다고 말한다. 그들은 또한 성별 간 차이를 지우는 비非성차별적 양육 방식이 명백하게 실패했다는 점을 지적한다. 아동이 어떻게 사회화되건 간에, 여아와 남아가 서로 다른 것을 입고 싶어 하고, 갖고 놀고 싶어 하는 것은 '자연스러워' 보인다.

성차는 자연의 산물이라는 주장은 페미니스트 제2 물결 시기에 도전을 받고 철 지난 얘기가 됐다. 하지만 이는 2장에서 언급했던 진화심리학자들의 인간 본성에 관한 주장에 힘입어 최근 수십 년 사이에 다시금 인기를 얻었다. 진화심리학자는 성별 간 차이의 목적이 초기 인류의 조상에게 유리하게 작용했다고 가정하는데, 어떨 때 보면 이러한 서술 방식에 들어맞지 않는 거라곤 없어 보인다. 2007년, 한 연구자 집단은 선사시대의 여성 채집인에게 분홍색(대부분의 식용 산딸기가 띠는 색)이 얼마나 중요했는지를 언급하며, 21세기에 여아가 분홍색에 끌리는 것은 문화가 아니라 자연의 산물일 수도 있다고 주장했다. 반대로 남아가 파란색을 선호하는 것은 선사시대 사냥꾼들이 하늘을 훑어보는 데 많은 시간을 할애했다는 사실에서 기인했을 수도 있다. 하지만 역사학자들은 분홍색과 여아, 파란색과 남아의 관계는 과거와 어떤 연관도 없다며 이러한 이야기의 허점을 짚어냈다. 20세기 초에 분홍색은 오히려 남성적 색깔로(분홍색은 연한 붉은색이기에 특히 남아에게 어울린다고 여겨졌다), 파란색은 여성적 색깔로 인식됐다(유럽의 종교화에서 파란색은 전통적으로 성모 마리아의 로브 색깔로 쓰인다).[43]

왜 우리는 진화심리학이 들려주는 얘기에 이토록 솔깃한 걸까? 부분적으로는 우리 일상에서 젠더 구분이 고정되어 있고 불변하는 것처럼 보인다는 점이 한몫한다. 만약, 아무리 말려도 분홍색 물건만을 원하는 딸을 둔 부모라면, 딸의 그러한 고집은 단순한 문화적 규범이 아니라 더 심오한 무언가에서 비롯됐다고 생각하기 쉽다. 우리는 천성이나 생물학을 '심오한' 것으로 여기고, 문화는 얄팍하고 피상적인 것으로 여기는 경향이 있다. 하지만 이는 오판이다. 문화 또한 '심오하다'. 선구적인 사회학자 에밀 뒤르켐이 말했듯, 사회적 존재가 형성되는 과정은 "자발적으로는 습득하지 못할 보고, 생각하고, 행동하는 방식을 아동에게 강요하기 위해 지속적인 노력이 필요한"[44] 고도로 강압적인 과정이다. 수년간 많은 페미니스트는 아동이 태어난 순간부터 그들에게 젠더화된 시각, 사유, 행위를 강요하는 과정들을 기록하려고 분투했다.

그 기록 중 일부는 어머니가 아이와 구두로 상호작용을 하는 시간이나(연구에 따르면 어머니들은 주로 남아보다 여아와 더 오래 상호작용 한다), 성인이 아동의 신체 능력을 평가하는 데 아동의 성별이 미치는 영향(우리는 나이가 같은 여아보다 남아의 신체적 역량을 과대평가하는 경향이 있다) 같은 것을 탐구한 과학적 통제 연구에서 찾을 수 있다. 이러한 연구는 남아와 여아가 출생 때부터 서로 다른 대우를 받는다는 증거를 보여준다. 이는 아동의 이후 발달에도 잠재적으로 영향을 미친다. 이는 또한 심리학자 코델리아 파인이 "반쪽만 바뀐 생각으로 육아하기"라고 부르는 현상의 증거이기도 하다.[45] 의식적으로 젠더 고정관념에 반대하고, 본인의 아들과 딸을 동등하게 대우한다고 진정으로 믿는 성인조차 여전히 "여아는 언어적 표현이 더 많고, 남아는 신체적 모험을 더 즐긴다"와 같은 무의식적 차원의 편견에 영향을 받는 것처럼 보인다.

또 다른 심리학자 브론윈 데이비스는 여아와 남아의 차이를 이해하려 스스로 노력하는 미취학 아동에 관해 연구했다. 그녀는 아이들이 어른들에게 모순적 메시지를 받는다는 점을 발견했다. 진보적인 부모님과 선생님은 남성성과 여성성을 '극단적으로' 나타내는 표현을 저지했다. 이 어른들은 엄청나게 공격적이면서 감정적으로 무감한 남아, 또는 수동적이고 수줍음 많고 프릴 드레스를 입은 여아를 원하지 않았다. 하지만 동시에 어른들은 여전히 아이들이 젠더화된 존재로 보여야 한다고 생각해 여아가 너무 남자답게 굴거나, 남아가 너무 여자다운 의상이나 장난감을 좋아하면 불편해했다.[46] (이와 비슷한 맥락에서, 코넬리아 파인은 바비 인형을 원하는 아들에게 타협안을 내놨다는 부모의 말을 인용한다. 그들은 아들에게 덜 여성적인 인형 중 하나인 나스카 바비를 사줬다.)

이러한 부모의 모습에 공감하는 것은 그리 어렵지 않다. 이 부모들은 세상이 달라졌으면 하는 욕망과 아이가 지금 그대로의 세상에서도 잘 살 수 있도록 도와야 한다는 의무 사이에서 갈팡질팡하고 있다. 그 결과로 나타나는 모순적 메시지는 아이들이 스스로 풀어야 할 수수께끼의 한 부분이 된다. 브론윈 데이비스는 미취학 아동조차 젠더 사회화 과정에 적극적으로 참여한다고 강조한다. 이들은 성인의 가르침을 그저 수동적으로 받는 존재가 아니다. 또, 아이들은 젠더 사회화 과정과 관련한 지식을 보호자에게서만 습득하는 게 아니다. 데이비스가 실험 대상 아동을 만났을 때, 그들은 이미 어느 정도 가정 안팎에서 맡아야 할 다양한 역할을 익힌 상태였다. 아이들은 이미 유치원 학생이었고, 또래 집단의 일원이었고, 미디어 소비자이자 음식, 옷, 장난감 같은 제품의 소비자였다. 이 모든 역할을 통해 이들은 소녀 혹은 소년이 되는 것의 의미에 관한 정보를 받아들이고 있었다.

이러한 배움의 과정을 관찰 기록으로 남긴 페미니스트 부모들이 있다. 1980년대 초에, 독일의 변호사이자 페미니스트인 마리아네 그라브루커는 그녀의 딸 아넬리의 생후 3년을 꼼꼼하게 기록한 글을 출판했다. 그녀는 친척, 친구, 낯선 사람 들이 아넬리에게 젠더에 적합한 행동을 가르치는 방식과 더불어서, 아넬리에게 예쁘다고 칭찬하거나, 함께 노는 남자아이에게 도움을 주거나 순종하는 것을 칭찬하는 등, 아넬리가 여성성을 수행했을 때 보상하는 모든 방식에 주의를 기울였다.[47] 이 사례에 영감을 얻은 영국의 기자 로스 볼과 제임스 밀러는 2011년, @GenderDiary라는 트위터 계정을 개설해 여아 한 명과 남아 한 명의 부모로서 겪은 경험을 반추하는 글을 올렸다.[48] 그들은 같은 발달단계를 거치는 두 아이가 받는 대우와 듣는 얘기에 구조적인 차이가 있음을 발견했다. 예를 들어, 아들(둘 중 어린 쪽)을 병원에 데려갔을 때, 직원들은 아이의 몸집이 크다는 점을 긍정적으로 평가했다. 같은 나이일 때의 딸보다 아들이 더 크다고 할 수 없었지만, 딸보다 아들이 몸집에 관한 이야기를 더 많이 들었다. 볼과 밀러는 '크다'라는 단어가 딸에게 적용될 때는 물리적 몸집이 아니라 그녀의 '어른스러운' 행동을 일컬을 때가 더 많다는 것도 깨달았다. 큰 몸집은 남아에게 중립적이거나 긍정적인 가치로 평가됐지만, 여아에게는 부정적으로 평가됐다. 이러한 규범은 심지어 아동복 구조에도 반영된다. 여아와 남아의 옷은 겉으로 드러나는 스타일(색깔, 디자인, 장식의 정도)로도 구별될 뿐만 아니라, 여아와 남아의 평균 키나 몸무게에서 큰 차이가 나타나지 않는 나이대에도 여아의 옷이 남아의 옷보다 작은 경우가 많다.

본성이 양육보다 강력하다는 명제의 증거로 비非성차별적 양육 방식의 '실패'를 꼽는 것을 두고, 페미니스트는 부모의 무의식적 믿음뿐만 아니라 아이의 발달에 영향을 미치는 다른 문화적 영향력의 힘을 과소평가해서는 안 된다고 답한다. 이러한 영향력은 부모가 자녀에게 일상생활을 금지(학교, 친구, TV, 인터넷, 대량생산 의류나 장난감 금지)할 때만 차단할 수 있다. 일각에서는 급진적인 실험을 감행하기도 했다. 2011년, 캐나다인 부부는 막내 스톰(성별을 밝히지 않았다)[49]을 '젠더 중립적'으로 기르겠다고 발표했다. 이러한 목표를 위해 그들은 주류 문화를 벗어난 곳으로 이사해 '자급자족'하며 홈 스쿨링으로 세 아이를 교육하는 방식을 택했다. 하지만 많은 부모에게 이는 실용적인 선택지가 아니며, 사회적 문제를 개인적 방식으로 해결한다는 정치적 한계도 품고 있다. 더 큰 문제를 해결하려면 주류 내에서 변화를 촉구하는 운동이 필요하다.

1970년대에 많은 부모가 다양한 종류의 운동을 펼쳤는데, 최근 다시 그러한 추세가 돌아오고 있다. 2012년, 영국의 온라인 포럼인 멈스넷Mumsnet은 활동가들이 '장난감은 장난감으로Let Toys Be Toys'라는 운동을 조직하도록 도왔다. 이 운동의 목표는 판매자들이 상점이나 카탈로그에서 장난감을 젠더에 따라 분류하는 관행을 멈추도록 촉구하는 것이다. 이와 비슷하게 아동 도서의 마케팅을 탈젠더화하는 운동도 현재 진행 중이다. 어린이 영화나 TV 프로그램에 만연한 고정관념에 대한 비판 덕에 디즈니의 〈메리다와 마법의 숲〉이나 〈겨울 왕국〉처럼 적극적인 여성 주인공이 등장하는 애니메이션도 창작되고 있다. 하지만 연구에 따르면, 여전히 남성 캐릭터의 대사 시간이 전반적으로 더 길고, 신세대 공주들도 전통적인 여성적 아름다움(백인에 젊고, 마르고, 머리가 길고 눈이 큰 여성)을 표현하고 있다.[50] 비평가들은 이러한 영화가 실사가 아닌 애니메이션이라 하더라도 캐릭터의 2차원적 신체는 실제 여아와 여성이 열망하도록 강요받는 신체의 과장된 버전에 불과하다고 지적한다.

이는 페미니즘의 역사 내내 비판받아온 여성성의 사회적 구성을 보여주는 한 단면이다. 2장에서 나는 메리 울스턴크래프트가 1790년대에 내놓은 비판, 즉 여성은 어릴 때부터 "아름다움은 곧 여성의 권력"이라는 가르침을 받아왔기에 정신보다 신체를 다듬는 데 더 집중하도록 요구받는다는 비판을 인용했다. 교육권과 참정권 획득을 위해 싸운 제1 물결 페미니스트는 19세기의 의복 규범에도 비판적이었다. 그들은 특히 부자연스러울 정도로 가는 허리를 만들기 위해 끈으로 꽉 조이는 코르셋과 무거운 페티코트, 거추장스러운 치마 복장을 거세게 비난했다. 1849년, 미국의 어밀리아 블루머Amelia Bloomer는 그녀가 직접 개발한 대안 복장을 소개했다. 이 '블루머 의상'은 판탈롱 하의와 튜닉 상의를 함께 입는 복장이었다. 1880년대 영국에서 활동한 '합리적 복장 협회'는 자전거 활동의 인기가 증가하면서 여성들도 쉽게 자전거를 탈 수 있도록 바지 복장을 옹호했다. 자연스러운 성차를 파괴한다는 비난을 면치 못한 이 개혁가들은 사실 빅토리아풍 여성성의 부자연스러움과 구속성을 비판하고 있었다. 코르셋이나 크리놀린에는 '자연스러운' 구석이라곤 찾아볼 수 없었기 때문이다.

1960년대에 등장한 여성해방운동도 억압적이고 비현실적인 미의 기준뿐만 아니라, 여성의 가치는 남성의 선택을 받을 만한 객체로 자신을 가꾸는 능력에 있다는 생각에서 여성을 해방하려 했다. 이 운동의 초기에 가장 눈에 띄었던 활동은 미인대회

반대 시위였다. 시위자들이 보기에 미인대회에서 행진하는 여성 참가자들은 시장에 팔려나가는 소와 다름없었다. 19세기 페미니스트와 마찬가지로, 이들은 여성의 자유로운 움직임을 방해하고, 만성적인 신체 통증을 유발하는 의복 규범(거들이나 하이힐 착용 등)을 규탄했다. 하지만 그들은 19세기 페미니스트와 마찬가지로, 외모를 완벽하게 가꾸어야 한다는 압박이 여성의 심리에 미치는 피해에는 큰 관심을 기울이지 않았다. 이러한 문제는 1990년대에 섭식 장애와 성형수술 요구가 늘어나는 것을 두고 평론가들이 평등권을 갖고 자란 여성 세대의 상황이 그리 좋지 않다는 점을 지적하며 대두됐다. 나오미 울프는 『무엇이 아름다움을 강요하는가』에서 "여성들이 수많은 법적·물질적 방해를 헤쳐나갈수록, 아름다운 여성의 이미지는 더 엄격하고 무겁고 잔인하게 여성을 짓누른다"라고 썼다.

철학자 헤더 위도스는 여성에게 가해지는 기존의 미적 기준에 순응해야 한다는 압박, 혹은 그녀가 '미의 요구'라고 부르는 압박이 1990년 이후로 더욱 극심해졌다고 말한다. 이러한 기준은 점차 전 세계적으로 적용되고 있으며, 그 기준에 부합하라는 압력은 사춘기 이전부터 시작해(영국의 '걸가이딩'에서 한 조사에 따르면, 7~10세 여아 10명 중 4명은 자신의 외모에 불안감이나 부끄러움을 느낀다고 응답했다[51]), 폐경 이후까지 오래도록 이어지고 있다. 여성이 열망하는 외모를 가지려면 노력과 기술적 도움이 모두 필요하다. 이상적 여성은 어려야 하고(혹은 실제 나이보다 어려 보여야 하고), 날씬하거나 말라야 하며(특히 엉덩이와 가슴은 크고, 허리는 잘록한 체형을 선호한다), 구릿빛 피부에(흑인 여성은 피부를 밝게, 백인 여성은 피부를 어둡게 만드는 것이 표준이다) 탄탄하고 매끈하며 털 하나 없는 몸을 갖춰야 한다. 또, 매력 있는 얼굴은 광대가 두드러지고 눈이 커야 한다(이로 인해 쌍꺼풀 수술이 특히 아시아에서 점점 흔해지고 있다). 위도스는 이러한 기대를 충족하는 것이 도덕적 의무인 양 보인다고 지적한다. "즐기기 위해서"가 아니라, 그것이 "나에 대한 의무이자 책임"이며, "나는 그럴 만한 가치가 있기에" 노력해야 한다는 것이다. 따라서 이상적 기준에 부합하는 데 실패하면 많은 여성은 이를 자신의 신체적 가치뿐 아니라 인성적 가치에 관한 판단으로 여겨 도덕적 실패라고 느낀다.[52]

어떤 페미니스트는 위도스의 언어가 도덕주의적이고 단정적이며, 위도스는 여성이 자신에게 가장 이로운 것을 선택할 수 있는 자발적 행위자라는 점을 부인한다고 비판한다. 여성에게 생식기로 무엇을 할 수 있고 할 수 없는지 가르치는 행위를 반대한다면, 신체의 다른 부분으로 무엇을 해야 하고 하지 말아야 하는지 여성에게 가르치는 행위는 어째서 용납해야 하는가? 페미니스트라면 모성성과 마찬가지로 아름다움에서도 여성의 선택을 지지해야 한다. 가수 셰어Cher는 "내가 가슴을 등에 달고 싶어 한대도, 그건 내 일이고 다른 누구든 상관할 일이 아니다"라는 만고불멸의 명언을 남겼다.

하지만 이에 대해 다시 한번, 우리의 선택은 진공 상태에서 이루어지는 것이 아니라 개인이 통제할 수도, 무시할 수도 없는 사회적 압력 속에서 이루어진다고 반박할 수 있다. 여성적이라고 받아들여지는 외모 규범에 순응하면 명백한 보상이 따르고, 순응하지 않으면 명백한 처벌이 따른다. 예를 들어, 다수의 연구에 따르면 고용주는 '매력적인' 여성(남성도 마찬가지지만, 여성에게 더 큰 영향을 미친다)을 고용하고, 승진시키며, 그들에게 높은 연봉을 제시할 확률이 높다.[53] 이러한 가치 체계는 우리가 일생의 중대한 결정을 내릴 수 있게 되기 오래전부터 내면화될 것이다. 외모에 기반한 차별은 세 살짜리 어린이에게서도 관찰된다. 그들은 특정한 신체 특징(예: 뚱뚱함)을 바탕으로 또래가 매력적인 친구이자 놀이 상대인지 판단한다.[54] 성인인 우리가 내리는 선택들이 이처럼 어린 시절에 형성된 믿음과 욕망의 영향을 받는다면, 그것이 정말로 '자유로운' 선택이라고 말할 수 있을까?

'선택설'에 대한 다른 반박도 있다. 선택설은 소비자 자본주의 속 다른 산업처럼 더 많은 이윤을 내고자 착취할 만한 새로운 요구와 욕망, 불안감을 창조해온 긴 역사가 있음에도, 그저 소비자가 원하는 것을 제공할 뿐이라는 미용 산업의 항변을 반복할 뿐이라는 것이다. (광고에서 알기 전부터 '여성 청결'이나 '활성 산소'에 대해 걱정해본 이들이 있는가?) 남반구에서 착취되는 욕망과 불안감은 식민주의와 인종주의의 역사와 관련이 있다. 유럽이나 북미에 기반을 둔 기업들은 부유한 세계의 안전 기준에는 부합하지 않는 수많은 미백 제품을 아프리카, 아시아, 라틴아메리카 시장에 풀어놓고 있다. 그중에는 반복적으로 사용하면 암이나 신경계 문제, 신장 문제를 유발할 가능성이 높아질 만큼 독성이 강한 제품도 있다. 독성이 없다고 하더라도, 이러한 제품을 판촉하는 것은 어두운 피부와 밝은 피부 간의 위계질서를 형성하는 인종주의를 강화한다.[55]

여성의 몸이 어떻게 보여야 하는지에 영향력을 미치는 것은 미용 산업뿐만이 아니다. 갈수록 커가는 포르노의 영향을 우려하는 시각도 많다. 2017년 영국의 한 보고에 따르면, 생식기의 모양이 마음에 들지 않아 전문가에게 소음순 수술을 문의하는 여자아이의 수가 늘었다. 2015~16년에 영국 국민 보건 서비스 NHS는 15세 미만의 소녀 150명에게 소음순 수술을 시행했다. 이러한 수술이 실제로 해로운 불안감을 덜어줌으로써 개인에게 도움이 된다고 주장할 수도 있다. 하지만 페미니스트라면 사춘기 무렵의 소녀들에게 그러한 불안감을 조성하는 문화를 비판하지 않을 수 없다.

여성성이 여성에게 끼치는 부정적 영향은 페미니즘의 모든 물결마다 비판받아왔다. 하지만 그러한 입장에 동의하지 않는 페미니스트가 있다는 것도 사실이다. 여성성에는 예속성 외에 더 많은 것이 있다고 주장하는 페미니스트 사유는 언제나 있었다. 그들에 따르면 전통적으로 여성의 활동과 의식은 창의성을 발산할 배출구가 되기도, 여성 연대의 기회를 제공하기도 한다는 점에서 기쁨의 원천이 될 수도 있다. 그들의 주장에 따르면 공감 능력이나 돌봄 능력 같은 여성적 자질은 소중한 것이므로 찬양받아 마땅하다.

여성성을 옹호하는 목소리 중에 최근 영향력이 커진 주장은 트랜스 페미니스트 줄리아 세라노에게서 나왔다. 그녀는 페미니즘이 남성성을 선호하는 제도화된 가부장적 문화를 재생산한다고 비판한다. 세라노가 말하길, 페미니즘은 여아와 여성이 '남성적' 자질과 활동을 더 잘 받아들이도록 만들었지만, 반대의 상황은 일어나지 않았다. 우리 문화는 여전히 남성이나 남아가 여성성을 표현하는 데 심한 불편감을 느낀다.[56] 이 장의 서두에서 살펴본 비성차별적 양육의 예시는 이러한 주장을 뒷받침해준다. 부모들은 딸이 나무를 기어오르고 우주선 모형을 만들면 흐뭇해할지라도, 아들이 바비 인형을 사달라고 하면 양가적인 감정을 느낀다. 하지만 다른 페미니스트는 이러한 차이 뒤에 궁극적으로 존재하는 것이 무엇인지 설명해준다. 이 부모는 여성성을 향한 편견 때문이 아니라, 남자답지 못한 소년이나 남성은 다른 남성의 폭력에 노출될 수 있다는 사실을 알기 때문에 남아의 특정 관심사나 행동을 저지하는 것일 수도 있다. 이처럼 남성이 다른 남성에게 하는 젠더 단속 행위는 남성에게 여성과 다르게 행동하도록 요구하고, 여성에 대한 남성의 우위를 드러내는 위계 체제를 옹호하는 것이 목적이다. 여성성 수행을 거부하는 여성들은 반항아일 뿐이지만, 남성성 규범을 어기는 남성은 반역자다. 각각에 따르는 처벌의 수위가 이러한 인식을 반영한다.

1장에서 살펴봤듯, 남성지배는 뿌리 깊은 역사를 지닌 복잡하고도 만연한 현상이기에 페미니즘이 아직 이를 타파하지 못한 것은 그리 놀랍지 않다. 하지만 그렇다고 해서 남성지배가 자연법칙이라는 뜻이 아니며, 그에 저항하는 것이 무의미하다거나 이제껏 아무것도 성취하지 못했다는 의미도 아니다. 일부 공동체의 특정 영역에서는 지난 50년 사이, 여성성·남성성 규범의 경직성이 상당히 완화됐다. 하지만 그 결과, 어떤 규범은 더욱더 엄격해졌고, 부작용도 늘었다고 주장하는 이들도 있다. 다음 장에서 나는 페미니스트 접근법을 통해 부분적으로나마 실질적인 변화가 일어났고, 그 변화가 언제나 긍정적이지만은 않은 다른 경험 분야인 성性을 들여다볼 것이다.

5장 성

2012년 선풍적인 인기를 끈 『그레이의 50가지 그림자』(이하
『그림자』)는 무명작가였던 E. L. 제임스가 쓴 관능적문학으로,
'돔' 성향(BDSM의 역할 중, 성관계 시 지배적 위치를 점하는 파트
너)의 억만장자 크리스천 그레이와 아직 성 경험이 없던 대학
졸업생 아나스타샤 스틸의 관계를 그리고 있다. 이 책은 삼부작
중 첫 번째 책이며, 이들이 결혼해 아이를 낳는 것으로 모든 이
야기가 마무리된다. 이 소설에는 '특이한 성적 취향'(사슬, 채찍,
엉덩이 때리기)이 난무하지만, 기본적으로 전형적인 이성애 로
맨스 소설이다. 하지만 『그림자』를 문화적 현상으로 만든 것은
바로 그 특이 취향이다. 온갖 분야의 전문가들은 이 소설을 향
한 여성 독자의 커다란 호응이 21세기를 살아가는 여성의 지위

에 대해 어떤 얘기를 들려주고 있는지 질문한다. 그 질문의 예는 다음과 같다. 여성은 그저 나이 많고, 부유하며, 권력 있는 남성에게 지배당하기 좋아한다는 근본적이고 불변하는 진리를 페미니즘이 바꾸지 못한 걸까? 혹은 오늘날 여성은 현실에서 권력이 넘치기 때문에 무력한 여성이라는 판타지에서 쾌락을 얻는 것일까? 이 책의 인기(언론이 '엄마들의 포르노'라고 부르는 완전히 새로운 장르를 탄생시킨 정도다)는 여성이 부끄러움 없이 자신의 욕망을 탐색할 만큼 해방됐다는 신호일까? 아니면 여성을 향한 폭력을 '섹시'한 것으로 포장하는 감수성이 계속되고 있다는 걱정스러운 증거일까?

이 질문은 페미니스트 비평가들을 갈라놓았다(하지만 대부분은 이 책을 싫어했다). 몇몇은 남성의 지배와 여성의 복종에 기반한 관계가 기본적으로 문제적이라고 주장했고, 일각에서는 『그림자』에 문제가 있다는 데 동의하면서도 진짜 문제는 BDSM을 잘못 표현한 것(본디 BDSM은 동등한 파트너 간의 계약을 바탕으로 하지만, 이 책에서 아나스타샤는 크리스천과 동등하지 않다)이라고 말했다. 이와 같은 견해를 밝힌 한 작가는 "절정에 다다를 수 있다면 (안전하고, 합의된) 어떤 행동이건 전적으로 응원한다. 페미니스트는 오르가슴을 지지한다!"라고 말했다. 하지만 이러한 '오르가슴 정치'는 성적 욕망이 형성되는 사회적·정치적 맥락을 설명하지 않는다는 비판도 있었다. 누군가는 이렇게 썼다. "여성은 남성의 지배를 성애화함으로써 남성의 폭력과 억압에 대처한다."[57]

『그림자』를 둘러싼 논쟁은 넓게 보자면, 여타 형태로 페미니즘의 역사에서 이어져온 성에 관한 논쟁에 속한다. 캐럴 밴스가 1984년에 쓴 글에 따르면, 여성에게 성이란 "탐험과 쾌락, 행위성의 영역인 동시에 금기와 억압, 위험의 영역이다."[58] 페미니스트가 오로지 '쾌락'의 측면에만 집중한다면 남성 폭력과 억압이라는 현실을 외면할 위험이 생기고, '위험'의 측면에만 집중한다면 여성이 적극적으로 욕망하고 즐기는 성이라는 경험을 무시할 위험이 생긴다. 성에는 이처럼 두 가지 측면이 존재하며, 페미니즘은 양측을 모두 다뤄야 한다는 밴스의 주장에 반기를 들 페미니스트는 거의 없을 것이다. 하지만 페미니스트들은 두 측면 간의 균형이 어때야 하는지는 합의하지 못했으며, 몇몇 사안에서는 '성 긍정주의'라고 불리는 태도(예: "페미니스트는 오르가슴을 지지한다!"라고 쓴 작가)와 가부장제 사회에서 성이 억압과 폭력의 현장이 되는 방식을 강조하는 태도 간에 깊은 견해차가 드러나기도 한다.

제1 물결의 역사학자들은 19세기와 20세기 초에 있었던 성에 관한 페미니스트 논쟁이 여성을 성적 위험으로부터 보호하고, '남성 안의 짐승'을 교화하려는 충동에 사로잡혀 있었다는 사실에 동의한다(하지만 이러한 입장에 반대하며 여성에게 피임, 임신 중단, 성교육에 접근할 권리와 혼전 성관계를 가질 자유를 달라고 요구하던 페미니스트도 있었다).[59] 하지만 제2 물결에서 성 정치는 새로운 방향으로 향했다. 1960년대 후반에 출현한 여성해방운동은 주류 사회의 성 보수주의에 저항한 반反문화에서 동력과 영감을 얻었고, 중산층의 결혼과 재생산이라는 좁은 한계에 성을 가두려는 시도를 거부했다. 이 '성 혁명'은 유토피아적인 정치 프로젝트 일부였다. 더 자유롭고 많은 성관계를 가지는 것은 그 자체로 긍정적인 것으로 판단됐을 뿐만 아니라, 다른 긍정적인 정치적 목표를 이룩하기 위한 수단("전쟁 말고 사랑을 하세요"와 같은 슬로건이 그 예다)으로 여겨졌다. 여성에게 성적 자유는 특히 급진적인 의미를 지녔다. 여성의 자유를 제한하는 근거로 성을 들먹이는 경우가 많았기 때문이다. 혼외 성행위에 따르는 위험과 처벌은 남성보다 여성에게 더 컸다. 여성에게 지극히 중요한 '평판'을 망가뜨리지 않으려면 여성의 성적 행위뿐만 아니라, 모든 공적 행동(무엇을 하는지, 어디를 가는지, 누구를 만나는지 등)을 단속해야 했다. 이러한 제한에 저항한 세대에 몸담았던 린 시걸은 제2 물결 초기의 여성들에게 "성적 쾌락과 만족에 관한 여성의 권리는 자율성과 자아에 관한 권리를 의미했다"라고 말했다.[60] 다시 말해, 이는 그저 성에 관한 문제가 아니었다.

하지만 분명 성에 관한 문제이기도 했다. 여성이 사회 통념에 어긋나는 성관계를 갖는 것을 저지하고자 여성의 행동은 단속의 대상이었던 동시에, 의학이나 여타 분야의 전문가들은 여성이 선천적으로 남성보다 성에 관심이 적고 수동적이며, 한 번에 한 사람과만 관계 맺기를 좋아한다(반면 남성은 선천적으로 난

잡한 관계 맺기를 좋아한다)는 말을 퍼트렸다. 페미니스트는 여성의 섹슈얼리티를 바라보는 이러한 시각이 내포한 모순을 재빨리 지적했고, 그 오류를 입증하고자 했다. 제2 물결 초기의 글에서 반복된 한 가지 주제는 여성이 지니지 말아야 한다고 알려진 욕망을 탐구하고 찬양하는 것이었다. 그 예로, 에리카 종이 1973년 소설 『비행 공포』에서 '지퍼 터지는 섹스zipless fuck'라고 부른 일면식도 없고, 헌신 의무도 없는 이성애적 관계나 여성 간의 관계가 있다. 그와 함께 자주 등장한 또 다른 주제는 여성에게 쾌락과 만족을 가져다주지 못한 성 혁명의 실패였다. 앨릭스 케이츠 슐먼Alix Kates Shulman이 1971년에 한 말에 따르면, 급진적인 반문화에 속한 여성도 교외 지역 주부만큼이나 오르가슴을 느낀 척 연기해야 한다는 압박을 느꼈다. 슐먼은 이에 덧붙였다. "이 모든 것이 남성과 여성의 무지에서 비롯된 결과라는 단순한 설명으로는 충분치 않을 것이다."

또 다른 페미니스트 앤 코트는 그보다 1년 앞서 「질 오르가슴의 신화」라는 제목의 짧은 글에서 이와 같은 주장을 펼쳤다.[61] 그녀는 여성의 오르가슴은 질이 아닌 클리토리스에서 발생한다는 사실이 과학적 연구(1960년대 중반에 출판된 성 과학자 마스터Masters와 존슨Johnson의 작업 등)로 입증됐다고 짚었다. 하지만 정신분석학자, 치료사, 대중 조언가는 여성성을 완전히 받아들인 '성숙한' 여성이라면 질에 음경을 넣는 삽입 섹스에서 오르가슴을 느낄 수 있으며, 느껴야 한다고 끊임없이 주장했다. 과학과 경험 모두와 모순되는데도 이러한 생각이 계속 유포되는 이유는 그것이 남성의 이익에 복무하기 때문이라고 코트는 말했다. 여성은 "남성에게 성적 기쁨을 준다는 점에서 정의"됐다. 또, 성관계에 만족하지 못한 여성은 그들 자신에게 문제가 있다는 말을 들었다. 코트는 앞으로 우리가 나아갈 길은 "상호 간의 성적 즐거움을 고려한 새로운 지침을 만드는 것"이며, "현재 '표준'으로 정의된 특정 성행위 체위가 양측의 오르가슴을 끌어내지 못한다면, 이를 표준으로 정의해서는 안 된다"라고 말했다.

이처럼 코트와 동시대 연구자들이 지적한 문제, 즉 섹스는 여성보다 남성의 쾌락을 중심으로 정의된다는 문제는 그로부터 거의 50년이 흐른 지금도 해결되지 않았다. 1990년대 초, 젊은 남녀를 표본으로 추출해 심층 인터뷰를 시행한 영국의 연구자 집단은 거의 모든 이에게 '섹스'는 여전히 삽입 성관계를 의미한다는 사실을 밝혀냈다. 클리토리스 자극은 '전희'로 이루어지기도, 그렇지 않기도 했지만, 엄밀한 의미에서 성행위는 삽입으로 시작해서 사정으로 끝났다. 남성의 오르가슴은 당연하게 여겨졌지만, 여성의 오르가슴은 그렇지 않았다. 이와 비슷한 태도와 행위는 이 연구보다 훨씬 최근(2016년)에 미국에서 출판된 페기 오렌스타인의 『아무도 대답해주지 않은 질문들』에도 포착됐다. 오렌스타인 또한 남성의 쾌락은 '당연한 것'이고, 여성의 쾌락은 '부차적, 추가적인 것'으로 취급된다고 말했다. (이러한 법칙은 삽입 섹스에만 국한되지 않는다. 오렌스타인이 인터뷰한 여성들은 일상적으로 구강성교를 했는데, 남성들이 원했기 때문이었다고 말했다. 하지만 그에 대한 보답은 거의 돌아오지 않았고, 여성 대부분은 이 불균형에 의문을 품지 않았다.)

오렌스타인은 더 나은 성교육을 통해 이러한 문제를 해결할 수 있다고 믿는다. 오늘날 젊은 사람들이 받아들이는 정보는 (적어도 미국에서는) 신체 역학에 집중되는 경향이 있다(여성 신체의 경우, 섹스보다 재생산에 더 큰 방점이 찍혀 있다). 따라서 욕망, 감정, 관계에 관해 이야기할 여지가 줄어든다. 학교와 집 양쪽에서 소녀들은 섹스의 쾌락에 관해 이야기를 나누기보다 그 위험(임신, 성병, 강간)에 대해 경고받는 경우가 많다. 학교에서 '금욕 기반' 성교육을 받은 젊은 미국인이 듣는 조언은 대부분 그저 '하지 말라'는 말뿐이다.[62] 현대의 다른 비평가와 마찬가지로 오렌스타인은 많은 젊은이가 부족한 교육을 메우려 참고하는 자료, 즉 포르노에 대한 우려를 표한다.

포르노가 '쾌락'과 '위험' 중 어느 것을 재현하는지에 관한 물음은 페미니스트를 극명하게 갈라놓는다. 포르노의 섹스 재현은 실제 세계에서 성폭력과 성적 학대를 조장한다고 보는 시각("포르노는 이론이고 강간은 실천이다.")이 있는 한편, 포르노는 특히 여성이나 성 소수자를 포함해 많은 이가 욕망을 탐구하고, 육체를 알아가며, 자신을 성적 존재로 인식하게 해주는 귀중한 자료라고 보는 시각이 오랫동안 팽팽하게 맞섰다. 포르노를 귀중한 자료로 보는 페미니스트는 상업 포르노 대부분이 이성애자 남성을 위해 제작되기에 여성들의 욕구를 제대로 충족하지 못한다는 사실을 알고 있을 것이다. 하지만 그들은 그러한 포르노를 금지하는 것이 능사가 아니며, 덜 남성 중심적이고 성차별이 덜한 대안을 요구하고 만들어 포르노가 지닌 가능성을 이용하는 것이 해답이라고 주장한다. 또한, 그들은 포르노에 반대한다면 모든 종류의 성 재현을 검열하는 종교적 보수주의자들과 페미니스트가 같은 편에 놓이게 된다고 걱정한다. 이 종교적 보수주의자들은 물론 실제 세계에서도 그들만의 편협한 도덕적 규범에 맞지 않는 섹슈얼리티는 표현하지 못하도록 검열한다. 이에 대해 반反포르노 페미니스트들은 그들의 최우선 관심사는 보수주의자와 달리 성도덕이 아니라, 포르노 산업과 더 넓게는 이를 소비하는 사회에 내재한 여성·아동·남성 학대라고 답한다.

이러한 주장은 1980년대의 페미니스트 '성 전쟁'에서 두드러지게 등장했고, 현대사회의 발달과 더불어 최근 다시 고개를 들고 있다. 인터넷으로 온갖 종류의 포르노에 접근하기가 훨씬 쉬워졌고(1980년대와 오늘날을 비교한 연구에 따르면, 여전히 남성이 여성보다 포르노를 더 많이 소비하지만 양성 모두 예전보다 포르노를 더 많이 보고 더 어린 나이에 포르노를 접한다[63]), 과거에는 낙인찍혀 하위문화에 숨어 있었던 다른 요소들이 이제는 수면 위로 올라와 주류 문화가 되었다. 낡고 추잡한 스트립 클럽은 '젠틀맨 클럽'으로 탈바꿈한 채 영국 시내에 버젓이 자리 잡았고, 폴 댄

스는 건강을 유지하는 섹시한 방법으로 포장되어 여성들에게 팔리고 있다. 사춘기 이전의 소녀들은 유명한 '포르노 스타' 문구가 박힌 티셔츠를 입고, 실제 포르노 스타들은 인기 있는 문화 아이콘이 됐다.[64]

어떤 페미니스트는 이를 '포르노 문화'라고 명명한다. 이는 포르노가 그저 존재하는 것을 넘어서 정상화되어 문화적으로 만연한 사회를 일컫는다. 일부 페미니스트는 포르노 문화의 출현이 '강간 문화'의 출현과 연결되어 있다고 주장한다. 이 또한, 그저 강간이 존재하는 것을 넘어서 강간을 정상화하고 가능케 하는 문화를 가리킨다. 법은 강간을 살인 다음가는 폭력 범죄로 정의하고 있기에 강간을 '가능케 하는' 문화라는 말이 이상하게 들릴지도 모른다. 하지만 강간 혐의로 기소된 이들 대부분이 유죄판결을 받지 않으며, 많은 경우 기소되지 않거나 신고조차 접수되지 않는다. 문화적 믿음과 고정관념("흥분한 남자는 아무도 못 말린다," "여성의 안 된다는 말은 진심이 아니다" 등) 때문에 사람들은 어두운 골목에서 칼을 들이민 상황이 아니라면 '진정한' 강간이 아니라 생각하기 때문이다. 그러한 믿음은 또한 가해자보다 피해자를 비난할 이유를 찾도록 부추긴다. 이러한 상황을 만드는 요소는 다양하겠지만, 일부 페미니스트 운동가는 강간 문화를 그중 하나로 꼽는다. 포르노가 직접적으로 강간을 유발한다는 생각에 동의하지 않더라도, 수많은 남성이 강간을 저지르고도 처벌받지 않도록 돕는 믿음이 강간 문화에 담겨 있다는

주장에는 동의할 수 있다.[65]

하지만 1980년대와 마찬가지로 일부 페미니스트는 이러한 주장에 반대하며, 여성은 자발적으로 성적 존재로 보일 권리를 행사하면서도 강간 문화에 반대하는 것이 가능하며 실제로 필요한 일이라고 말한다. 이는 오늘날 '슬럿 워크SlutWalk'라고 부르는 강간 반대 시위에서 나타나는 태도다. 슬럿 워크에 참가하는 여성은 특정 방식으로 옷을 입거나 행동하는 여성이 성폭력을 유발한다는 생각에 반박하고자 전형적으로 야하다고 여겨지는 옷을 입고 행진한다(슬럿 워크는 토론토의 한 경찰관이 어떤 학생 무리에게 안전을 지키려면 "매춘부slut처럼 옷을 입지 마라"라고 언급한 사건을 계기로 2011년에 처음 조직됐다).

포르노 문화의 영향을 다루는 논쟁은 포르노 문화가 강간이 만연한 환경을 조성하는지 묻는 것에만 집중하지 않는다. 예를 들어, 페기 오렌스타인은 포르노가 합의된 관계에서 쾌락이란 무엇인지를 정의하는 방식에 더 많은 관심을 기울인다. 포르노 문화와 함께 성장하지 않은 구시대 페미니스트만 포르노를 걱정하는 것은 아니다. 2015년, 익명의 여성이 트위터에 다음과 같은 글을 올렸다. "나는 스물세 살이다. 우리는 어릴 때부터 온라인 포르노에 노출된 첫 번째 세대다. 우리는 인터넷 속 낯선 이들을 보며 섹스가 무엇인지 배웠다." 이어서 그녀는 남성 파트너들이 포르노에서 영감을 얻어 그녀에게 묻지도 않고 행한 수많은 행위(머리카락을 잡아당기거나 얼굴에 사정하는 것 등)와 그녀가 꺼렸음에도 하도록 강요한 행위(항문 섹스 등), 거절했다고 비난받은 행위(집단 성교 등) 등을 나열했다. 그중 무엇도 그녀가 원한 것은 없었다. 그녀는 "그 순간마다 '쿨한 여자'가 아니라는 것에 대해 죄책감을 느꼈다. 나는 그를 실망하게 했다. 난 내숭쟁이가 됐다"라고 말했다.

이 글쓴이는 포르노 문화가 이성애자 여성에게 새로운 기대를 부여했다고 말한다. 글쓴이와 같은 여성들은 그 기대를 내면화하고, 기대에 미치지 못하면 스스로 무능하다고 느낀다. '쿨한 여성'/'내숭쟁이'의 구분은 전통적인 '착한 여성'/'매춘부'의 구분과 완전히 다르게 보일 수도 있지만, 비슷한 방식으로 기능한다. 두 경우 모두, 여성은 나쁜 쪽이 될지도 모른다는 두려움 때문에 자신의 행동을 검열한다. 새로운 이분법은 여성이 자신만의 성적 쾌락을 추구할 수 있도록 여성을 해방한 게 아니라, 하나의 억압적 기준("착한 여자는 그러지 않는다")을 다른 것("쿨한 여자는 남자가 원하는 것은 뭐든 한다")으로 대체할 뿐이다. 하지만 언제나 그랬듯, 트위터의 글쓴이가 거절한 성적 행위에서 실제로 쾌락과 만족감을 느끼며, 새로운 성적 가능성을 열어준 포르노 덕에 성 경험이 향상했다고 말하는 페미니스트도 물론 있다.

확실히 여성의 성적 욕망은 다양하다. 하지만 페미니스트 학자 리사 다우닝은 자신의 접근법을 "성 긍정론자, 성 부정론자도 아닌 성 비판론자"라고 설명하면서, 그러한 현실을 다루는 페미니스트 논의가 종종 양극단으로 나뉜다고 말한다. 성 혁명의 유토피아 정신에 도전하는 한쪽은 섹스란 그 자체로 좋은 것이며, 그 어떤 형태의 섹스라도 여성이 쾌감을 느끼는 것이라면 응당 자유롭고, 정치적으로 진보적이라고 믿는다("페미니스트는 오르가슴을 지지한다!"). 반면, 가부장제하에서 행해지는 (이성애) 섹스는 본질적으로 억압적이며, 그로부터 여성이 얻는 쾌락은 그게 무엇이건 의심해야 한다고 주장하는 페미니스트도 있다. 다우닝은 양측의 주장 모두가 너무 단순하다고 보며, "모든 형태의 섹슈얼리티와 성적 재현은 동등하게 비판적 사고와 의심의 대상이 되어야 한다"라고 말한다.[66]

포르노 문화에 반기를 드는 페미니스트가 비판하는 것은 단순히 포르노가 아니라, 성 산업의 주류화다. 이는 성 산업의 생산물을 소비하는 여성의 입장에 관한 질문뿐만 아니라, (세미)누드 모델부터 스트리퍼, 직접 성적 서비스를 판매하는 성 판매자에 이르기까지 '성 노동자sex worker'가 되어 성 산업에 개입하는 여성에 관한 의문을 불러일으킨다. 이는 페미니스트들이 첨예하게 대립하는 또 다른 문제다. 성을 파는 것은 다른 것과 마찬가지로 하나의 직업일 뿐이며, 그저 범죄화되고 사회적 낙인이 찍혀 있기에 문제가 되는 걸까? 혹은 성매매란 성 평등이나 성 정의의 원칙과 양립할 수 없는 성 착취의 한 형태일까?

페미니스트는 성매매 문제에 오랫동안 개입해왔다. 1860년대 후반, 영국의 페미니스트는 전염병법 폐지를 위한 전국적 운동을 펼쳤다. 이 법은 경찰에게 특정 군사기지 마을에서 '일반 매춘부common prostitute'로 의심되는 여성이라면 누구나 체포해 검진을 받도록 강제할 권리를 부여했다(여성이 이를 거부하면 투옥될 수 있었고, 검진 결과 감염 사실이 확인되면 쥐도 새도 모르게 병원에 감금될 수도 있었다). 활동가들은 성과 계급에 기반해 여성을 차별하고 그들의 기본권을 부인하며 '도구적 강간'이라 부를 만한 모욕적인 절차를 거치게 만드는 전염병법을 성명서를 통해 고발했다. 또한, 페미니스트는 성에 관한 이중 잣대를 공식적으로 승인하는 법을 비판하기도 했다. 남성의 수요가 없으면 성매매도 없을 것이지만, 성매매에 따른 낙인과 법정형은 성매매에 개입한 여성에게만 따라붙었다.

빅토리아시대 페미니스트는 성매매에 날 선 비판을 가했다. 하지만 이들은 여성이 주로 경제적 이유 때문에 자발적으로 성매매에 가담한다는 사실을 이해했다. 여성이 다른 형태의 노동에 쉽사리 접근할 수 없는 사회에서 성매매는 '최고 연봉 산업'이었다. (당시 페미니스트는 자발적으로 성매매에 참여하지 않은 여성이 있다는 사실도 물론 알았다. 강요와 인신매매는 당시에도 존재했다.) 하지만 일부 중산층 페미니스트는 이러한 거래를 두고 남성과의 관계에 점잖은 척 스며 있는 여성혐오가 노골적으로 드러난 한 사례일 뿐이라고 봤다.[67] 운동 지도자인 조지핀 버틀러Josephine Butler는 자신과 같은 계급의 남성을 향해 이렇게 말했다. "우리 자매들을 진창에 끌어들이는 한, 당신들은 우리를 존중할 수 없다. 내 자매에게 부당하고 잔인한 대우를 하는 한, 당신은 우리에게도 부당하고 잔인한 대우를 하는 것이다."

오늘날 성매매에 반대하는 페미니스트는 경제적·사회적 제도로서 작동하는 성매매를 과거와 비슷한 방식으로 분석한다.[68] 남성이 성적 합의를 돈으로 살 수 있는(즉, 돈을 내지 않는다면 한쪽이 동의하지 않을 성행위를 구매하는) 성매매 시장이 존재한다는 사실은 성 불평등을 강화하고, 섹스는 상호 간의 성욕을 바탕으로 이루어져야 한다는 원칙을 훼손한다는 것이 그들의 주장이다. 이러한 주장을 펼치는 많은 페미니스트는 성 구매를 금지하고 성 판매는 비범죄화하는 '노르딕 모델'(스웨덴에서 처음 시작됐고, 노르웨이와 아이슬란드에서 이를 적용해 그러한 이름이 붙게 됐다)을 지지한다. 노르딕 모델의 목적은 주로 성 판매자(대부분 여성)에게 가해졌던 법적 제재를 성 구매자(압도적인 수가 남성)에게 전가하는 것과 전체 수요를 줄이는 것이다. 스웨덴의 한 법 집행관이 작가 캣 바냐드에게 말했듯, 성 구매는 속도위반과 같이 남성이 '할 수 있기 때문에' 하는 일이며, 남성이 그에 따른 법적·사회적 비용이 발생한다는 사실을 알게 된다면 그만둘 일이다. 노르딕 모델에는 성매매 관련자들이 원한다면 그곳에서 빠져나올 수 있도록 지원하는 조항도 포함되어 있다. 연구에 따르면 많은 관련자가 성매매를 그만두고 싶어 하지만, 약물 남용 문제부터 성매매 호객 행위로 범죄 전과가 있어 다른 일을 구하기 어려워지는 문제까지 다양한 어려움에 맞닥뜨리

곤 한다.

하지만 다른 페미니스트가 보기에 노르딕 모델은 성을 파는 여성을 도덕주의적이고 시혜적인 태도로 대한다며, '성 노동도 노동'이라고 보는 관점이 더 진보적이라고 주장한다. 말하자면, 성을 파는 것은 미용 용품 판매(이 또한 고객과 노동자 간에 밀접한 접촉이 발생할 수도 있다)나 커피 판매(바리스타에게 악랄하게 구는 손님도 있다), 화장실 청소(이 경우에도 낯선 이의 신체 악취를 견뎌야 한다)와 원론적으로 하등 다를 바 없다는 것이다. 이러한 관점을 취하는 페미니스트는 내가 3장에서 언급한 것과 같은 견해를 보인다. 즉, 각종 청구 비용을 처리하기 위해 돈을 받고 좋아하지 않는 일을 하는 것은 노동하는 전 세계의 여성 대부분에게 해당하는 일이다. 여성이 성매매를 합리적인 경제적 선택으로 본다면, 그녀의 일자리를 뺏으려는 운동을 펼칠 권리는 고사하고, 그녀를 비난할 권리가 우리에게 있을까? 그러한 관점에서 보자면 페미니스트는 성 노동자의 노동 환경을 개선하는 운동을 전개해서 그들을 지지해야 한다. 성매매 비범죄화나 합법화 운동도 마찬가지다(비범죄화와 달리, '합법화'는 국가가 성매매를 규제한다는 차이가 있다). 이러한 입장의 페미니스트는 불법 활동에 개입하는 여성이 해당 행위에 따르는 위험을 쉽사리 줄이지 못한다는 사실을 지적한다. 예를 들면, 이 여성들은 폭력을 행사하는 남성을 신고하기를 망설일 것이고, 자신의 건강과 안전을 침해하는 노동 관행에 이의를 제기하지 못할 것이다. 성 판매를 다른 판매 행위와 동일 선상에 놓는다면 여성이 더 안전해지고, 그들의 직업에 들러붙는 낙인도 줄어들 것이며, 직장 생활을 직접 통제할 기회를 얻게 될 것이다. 또한 불법 거래에서 막강한 권력을 지닌 포주나 조직 범죄자에 기대지 않고 다른 여성과 소규모 사업체나 협동조합을 세울 수도 있다.

이들에 반대하는 페미니스트는 성 판매에 따르는 위험이 성 판매의 법적 지위가 아니라, 그 본질에서 비롯된 것이기에 수긍할 만한 정도까지 줄어들 수 없다고 말한다. 합법 여부와 관계없이 성매매라는 직업에 따를 수 있는 가장 심각한 위험은 사업의 핵심인 사적 성관계를 맺는 도중, 성 구매자가 성 판매자를 폭행하거나 심지어 살해하는 것이다. 성매매에 반대하는 운동가들은 독일이나 네덜란드 같은 몇몇 나라가 성매매를 합법화했지만, 여성에게 약속했던 이익이 실현되지는 않았다고 주장한다. 오히려 노동자가 아니라 부유한 투자가와 기업가의 주머니만 불리도록 신자유주의적 자본주의의 노선을 따라 산업이 재조직됐다. 독일의 합법적 '거대 사창가'에서 성 판매 여성은 (동업자나 경영진은 고사하고) 권리를 지니고 이득을 취하는 피고용인조차 되지 못했다. 그들은 계약을 맺고 일하는 개인 사업자로 취급되어 근무조마다 경영진에게 사납금을 내야 한다. 즉, 이들은 남성 몇 명에게 서비스를 제공한 후에야 비로소 제 몫을 챙길 수 있는 것이다.

여성이 돈이나 다른 혜택을 받고 성을 교환하는 행위에는 상업적 성매매만 있는 게 아니다. 제1 물결과 초기 제2 물결 페미니스트 모두 결혼은 합법적이고 점잖은 형태의 성매매에 불과하다고 봤다. 결혼 생활에서 여성은 경제적 부양을 받는 대가로 남편에게 성적 서비스와 가사 노동을 제공한다는 것이다(당시 법에 따르면, 아내는 성관계를 거부할 수 없었다. 영국에서는 1991년이 되어서야 가정 내 성폭행이 범죄가 되었다). 과거에 성 노동자로 일했던 몇몇 이들이 캣 바냐드에게 말한 바에 따르면, 그들은 돈을 받고 성을 팔기 전부터 성이 교환 가능한 상품이라는 것을 이미 이해하고 있었다. 그중 한 여성은 자신의 섹슈얼리티는 자기 것이 아니며, "남성들이 내게 원하는 것이자, 내가 가치 있음을 느끼기 위해 남성들에게 주어야 했던 것"이라고 어린 시절부터 생각해왔다고 말했다.[69] 또 다른 이는 "여성의 가장 중요한 권력은 성적 권력"이라는 점을 경험을 통해 배웠다고 말했다. 여성의 섹슈얼리티에 관한 이러한 이해는 교환의 조건이 착취적일 때만 문제가 되는 걸까, 아니면 성이 상품(살림, 돈, 권력, 자존감 등을 얻기 위해 여성이 남성에게 제공하는 것)으로 전락하는 이성애적 계약이 본질적으로 문제인 걸까?

일부 페미니스트는 남성과 여성이 성적으로, 사회적으로 더욱더 평등한 관계를 맺을 새로운 방법을 창안해 이성애를 개선하는 데 힘을 쏟아붓는 한편, 다른 이들은 대안을 제시했다. 첫 번째 대안은 섹스를 전면적으로 거부하는 것이다. 한때 '섹스에 저항하는 여성들'이라고 불리던 미국의 급진적 페미니스트 집단이 있었는데, 이들은 "섹슈얼리티의 관행에서 벗어날 방법은 섹슈얼리티를 벗어 던지는 것밖에 없다"라고 선언했다.[70] 오늘 날 자신을 무성애자로 정체화하는 이들은 이와 같은 분석을 동 기로 삼지는 않았지만, 그들은 섹슈얼리티와 성적 행위란 인류 번영에 꼭 필요한 것이라는 일반적 가정에 도전장을 내밀었다. 또 다른 페미니스트는 여성끼리 맺는 성적 관계(또는 다른 친밀 한 관계)가 이성애적 계약의 긍정적 대안이 될 수 있다고 제안 했다. 1981년, 프랑스 페미니스트 모니크 비티그는 레즈비언은 여성이 아니라고 주장했다. 그녀에 따르면, 여성이라는 사회적 범주를 규정하는 것은 이성애적 경제 내에서 이루어지는 여성 의 남성에 대한 예속이며, 레즈비언은 그 지위가 불안정하더라 도 이성애적 경제 체계의 바깥에 머무는 존재다.[71]

비티그의 글보다 1년 앞서 발표된 「강제적 이성애와 레즈비 언 존재」에서 시인 에이드리언 리치는 이성애를 단순히 선택지 나 타고난 경향으로 봐서는 안 되며, 여성 대부분이 그 규칙을 따를 수밖에 없는 정치제도로 봐야 한다고 주장했다. 동성애 금 기는 양성 모두에게 적용됐지만, (레즈비어니즘뿐만 아니라 독신 주의도 배제한 채 오로지) 이성애 관계에 참여해야 한다는 압박 은 결혼 생활에 경제적 의존도가 높은 여성에게 특히 더 무겁게 작용했다. 리치는 만일 여성에게 진정 자유로운 선택권이 주어 진다면 여성들은 서로를 선택할 것이라는 두려움 때문에 이성 애를 강제하는 압박이 생겼고, 그에 저항하는 여성을 박해하게

됐을지도 모른다고 말했다.[72]

　리치의 글은 레즈비언과 레즈비어니즘을 주변화하는 학계와 제2 물결 페미니즘에 도전하려는 목적이 일부분 작용했다. 1960년대 후반 이전에 자신을 레즈비언으로 정체화했던 여성들은 초창기의 제2 물결 페미니스트 운동이 동성애혐오적이라며 불편해했다(그럴 만했다. 제2 물결의 핵심 인물 중 한 명이었던 베티 프리단Betty Friedan은 레즈비언을 '연보라색 골칫거리'라고 지적했다. 레즈비언이 가담하면 운동의 목표를 향한 주요 지지가 약해질 수도 있기 때문이었다).[73] 일부 레즈비언은 게이 해방운동이 그들의 고민 지점과 더 잘 맞닿아 있다고 느꼈지만, 다른 레즈비언은 여성해방운동 진영에서 눈에 띄는 급진적 인사가 됐다. 스스로 이성애자로 알고 있던 몇몇 여성은 페미니스트 집단에 참여한 후에 여성 간 성적 관계의 잠재적 가능성을 깨쳤고, 자신을 레즈비언으로 재정의하기도 했다. 오늘날 사람들은 일반적으로 성적 취향이란 선택할 수 있는 게 아니고, 바꿀 수도 없다고 생각하지만, 과거의 페미니스트들은 섹슈얼리티를 훨씬 유연한 것으로 봤다. 30대에 레즈비언으로 커밍아웃 하는 기혼 여성의 경우, 반드시 그녀가 이제껏 쭉 레즈비언이었으나 이전까지는 깨닫지 못했거나 인정하지 않았다고 볼 수 없다. 물론 그것도 한 가지 가능성일 수 있겠으나, 새로운 경험을 통해 정체성이나 욕망이 변했을 수도 있다. 특히 중대한 사회적·문화적 격변기에는 더욱더 그러하다.

지금은 확실히 새로운 사회적, 문화적 발전과 더불어 정체성과 욕망이 재편되는 시기다. 이러한 변화의 한 가지 징후는 젊은 여성들이 레즈비어니즘에서 점차 발길을 돌려서 더 포괄적이고 유동적인 '퀴어'[74]라는 이름의 정체성을 향하고 있다는 것이다. '퀴어'는 한때 '동성애자'를 가리키는 모욕적 단어였는데, 1980~1990년대의 퀴어 이론과 활동이 '소유권을 뺏어온' 그 단어는 꼭 게이나 레즈비언만을 가리키지 않는다. 퀴어는 '이성애 규범성'에 저항하는 모든 성적 취향과 행위를 포함한다. 이성애 규범성이란 전통적인 성 역할이나 보수적인 성적 관습이 포함된 일부일처제, 출산 등 특정 형태의 이성애에 따르는 사회적 특권을 가리킨다. 따라서 자신을 '레즈비언'이 아니라 '퀴어'라고 정의하는 여성이 더 많아진다면, 이를 그저 용어상의 변화로 봐야 할지(그들은 여전히 같은 사람과 같은 행위를 하지만 이름표만 달라질 뿐이다), 아니면 섹슈얼리티의 사회적 조직에 더 광범한 변화가 일어나고 있다는 징조로 봐야 할지 의문이 생긴다. 이는 복잡한 질문이지만, "갈수록 다채로워지는 젠더 다양성 앞에서 '게이'나 '레즈비언' 같은 이분법적 분류는 어딘가 진부하고 따분하게 느껴진다"라는 말에서 얼마간의 정답을 엿볼 수 있다.[75] 성과 섹스에 관해 말하고, 생각하는 방식이 현재 변화하고 있다는 사실은 젠더 정체성 개념의 변화와 밀접한 관련을 맺고 있다. 이 주제는 마지막 장에서 다시 다룰 것이다.

한편, 이 장에서 성이라는 주제를 놓고 서로 입장을 달리하는 페미니스트들을 숱하게 언급한 만큼, 그들을 하나로 결속하는 얘기로 마무리하고자 한다. 내가 살펴본 견해들이 서로 얼마나 다르건 간에 이는 모두 '페미니스트'의 관점이다. 간단하게 말하자면, 이들은 모두 여성이 타인의 쾌락이나 이익을 위해 사용되는 객체가 아니라 자율적인 성적 주체로서 대우받아야 한다고 주장한다. 여성은 오로지 성 그 자체로 환원되거나 성적 용어로만 정의되는 일 없이 자신의 섹슈얼리티를 자유롭게 표현할 수 있어야 한다. 여성의 욕구를 중시해야 하고, 그들의 경계를 존중해야 한다. 이러한 요구가 기본적인 것으로 보일지라도, 지금도 여전히 무척 급진적인 요구다.

6장 문화

1990년에 비평가 커밀 팔리아는 "만일 인류 문명이 여성의 손에 맡겨졌다면, 우리는 여전히 풀로 만든 움집에서 살고 있을 것이다"라고 말했다.[76] 이는 그녀만의 독창적인 생각이 아니었다. 팔리아는 자연의 힘을 초월하고 통제하려는 충동을 지닌 남성이야말로 문화(여기서는 인류학적 의미로 "삶의 총체적 양식"을 일컫는 게 아니라, 인류 지성과 창의성이 낳은 가장 값진 산물을 포괄적으로 일컫는다)의 창조자이며, 여성은 지식, 진리, 미의 추구가 아니라 재생산이라는 자연적 과정에 창조적 에너지를 쏟고 있기에 자연에 매인 채로 남아 있다는 낡은 생각을 되풀이할 뿐이었다.

인간의 진화에 관한 찰스 다윈의 대표작 『인간의 유래』에서 그는 여성이 문화적으로 열등하다는 증거를 논한다. "남성과 여성이 각각 창조해낸 가장 뛰어난 시, 회화, 조각, 음악, 역사, 과학, 철학을 나란히 나열한다면 (…) 두 목록은 비교조차 되지 않을 것이다." 그는 이 차이가 생물학적인 원인에서 비롯된 것이라고 결론 내렸다. 즉, 남성은 생래적으로 "더 우월한 정신력"을 지닌다는 것이다.[77] 19세기 이탈리아의 의사이자 범죄학자인 체사레 롬브로소가 쓴 『미쳤거나 천재거나』에도 다윈과 같은 관점이 담겨 있다. 이 글에는 "천재의 역사에서 여성의 자리는 무척 협소하다"라는 문장으로 시작하는 '성의 영향력'이라는 장이 있다. 하지만 책을 한 장만 넘기면 이 문장조차 과장된 것이었음을 알게 된다. 롬브로소는 천재라는 칭호를 달 만한 여성 후보들은 전부 "남성적인 데가 있다"라고 말한다. 그는 이렇게 마무리 짓는다. "여성 천재는 존재하지 않는다. 천재인 여성은 남성이다."[78]

우리는 이 논리가 어불성설이라 생각하지만, 그 기본 주장은 여전히 대중적인 반페미니즘의 클리셰로 남아 있다. 사람들은 묻는다. 만일 여성이 진정으로 남성과 동등하다면, 어째서 여성 레오나르도/셰익스피어/모차르트는 없는가? 공자, 플라톤, 마르크스만큼 커다란 영향력을 끼친 여성 철학자나 정치 사상가가 있는가? 여성 노벨상 수상자는 왜 그렇게 적으며, 수학 분야의 권위 있는 필즈상을 받은 여성이 단 한 명(마리암 미르자하니 Maryam Mirzakhani)뿐이라는 사실은 어떻게 설명할 수 있는가?

이러한 질문을 던지는 반페미니즘의 전통은 무척 오래됐다 (여성이 모든 방면에서 열등하다는 혐의에 반박하려는 초기의 시도 중 하나는 내가 서문에서 언급한 크리스틴 드피상의 『여성들의 도시』 가 있다). 이번 장에서는 페미니스트들이 이에 대해 어떠한 답변을 내놨고, 더 일반적으로는 19세기 이후 여성과 예술, 지식, 창의성의 관계에 관해 어떻게 이론화했는지 살펴볼 것이다. (이번 논의는 서구와 유럽의 전통에 치중되어 있다는 점을 미리 알린다. 이는 물론 유일한 전통은 아니다. 서구 사회 속 여성의 지위에 관한 페미니스트의 설명이 모든 여성과 모든 문화적 전통 간의 관계를 섭렵하는 보편적 명제인 양 종종 제시된다고 해도 그렇게 받아들이면 안 된다.)

다윈과 같은 시대를 살았던 제1 물결 페미니스트들은 여성의 지적, 예술적 성취가 "가장 뛰어난 남성"의 성취보다 수가 적고 뒤처진다는 말에 대부분 이의를 제기하지 않았다. 대신 그들은 이러한 상태가 영원히 지속하리라는 얘기에 반기를 들었다. 많은 페미니스트는 다윈을 열렬히 지지했다. 모든 종種은 끊임없는 적응의 과정을 통해 발전한다는 다윈의 생각은, 여성에게 기회만 주어진다면 남성과 같은 수준까지 발전할 수 있다는 그들의 믿음을 뒷받침하는 것처럼 보였기 때문이다. 『인간의 유래』 속 다윈의 여성 폄하 발언을 접한 미국 페미니스트 안토이네트 브라운 블랙웰은 다윈이 자신의 논리를 끝까지 고수하지 못했다고 비판했다. "성차의 내용이 무엇이건 간에, 이는 그 자체로 자연선택과 진화의 대상이어야 한다."[79]

　진화론에서 도출된 주장을 이용했는지와 관계없이, 19세기와 20세기 초의 페미니스트들은 여성이 문화에 이바지한 바가 적은 이유는 그들이 예속 상태에 있고, 충분한 교육을 받지 못했으며, 가정에 매여 있기 때문이라는 것을 믿어 의심치 않았다. 버지니아 울프는 『자기만의 방』에서 "왜 여성 셰익스피어는 없는가"라는 지긋지긋한 물음에 대해 답한다. 울프는 이 책에서 윌리엄 셰익스피어만큼 재능이 뛰어난 가상의 여동생 주디스 셰익스피어를 등장시켜 근대 초기의 영국 사회에서 과연 그녀가 오빠만큼 명성을 얻을 수 있었을지 되묻는다. 울프는 주디스의 일생을 그리며 그에 대한 대답이 분명히 '아니오'라는 것을 보여준다. 윌리엄과 달리 주디스는 학교에 들어가지 못한다. 그녀는 글 읽는 법을 배우긴 하지만, 독서하는 모습을 어머니에게 들키면 집안일에 소홀하다는 꾸지람을 듣는다. 주디스가 열일곱 살이 되던 해, 부모님은 그녀에게 남편감을 찾아줄 때라고 생각해 현지 양모업자와 약혼을 맺게 한다. 결혼해야 한다는 사실에 겁을 먹은 주디스는 런던으로 도망치고, 극단에서 성공하리라 마음먹는다. 하지만 엘리자베스 여왕 시대에는 극단에서 여성을 고용하지 않았고, 도시는 젊은 여성이 혼자 살아나가기에는 위험한 곳이었다. 결국, 주디스는 한 남성 후원자를 만나게 되지만, 모두가 예상하듯 그의 후원에는 대가가 따른다. 미혼에 임신하게 된 주디스는 결국 스스로 목숨을 끊는다.

울프가 살던 20세기 초, 그녀와 같은 계급의 여성들은 셰익스피어의 여동생보다는 재능을 개발할 기회가 더 많았다. 하지만 여전히 그 여성들도 남자 형제들과 같은 위치에 있지 않았다. 『자기만의 방』은 열악한 교육, 경제적 의존도, 여성은 아내이자 어머니라는 역할을 우선시해야 한다는 끊임없는 기대 등, 여성 앞에 놓인 수많은 방해물에 관해 얘기한다. 특권층이 아닌 여성에게 장벽은 훨씬 높았다. 1974년, 앨리스 워커는 「어머니의 정원을 찾아서」라는 글에서 이렇게 물었다. "우리네 할머니가 살던 시대에 흑인 여성이 예술가가 된다는 것은 어떤 의미였을까? 이 질문에 대한 답은 피를 얼어붙게 할 만큼 잔인한 것이다."[80] 이어서 그녀는 가난하고 교육받지 못한 흑인 여성이라고 해서 창의력이 부족하지는 않다는 점을 짚는다. 다른 상황이었다면 위대한 문학이나 회화, 조각 작품을 창조했을 재능들이 구전 이야기 들려주기, 퀼트 만들기, 혹은 워커의 에세이 제목에서 알 수 있듯 그녀의 어머니처럼 정원 가꾸는 일로 새고 말았다.

오늘날 여성들은 자신이 마음먹은 일을 뭐든 할 수 있고, 온전히 능력만으로 평가받는다는 얘기를 듣는다. 하지만 그러한 얘기가 도는 실제 현장은 평등과 거리가 멀다. 2017년, 여성과 영화에 관한 한 강연(울프를 향한 존경을 담아 '자기만의 스크린'이라고 이름 붙인 강연)에서 영화감독 수재나 화이트는 방해물과 우회로, 막다른 길로 가득했던 자신의 경력을 되돌아봤다. 적어도 화이트는 자신이 선택한 목적지에 도착할 수 있었지만, 그녀와 같은 직업군의 다른 많은 여성은 여전히 다다르지 못한 경력이었다.[81] 지난 15년간, 영화감독이 되리라는 야망을 품고 영화학교를 졸업한 여성과 남성의 수는 같았다. 하지만 그중 계속해서 목표를 추구하는 이들은 대다수가 남성이다. 2016년, 영국의 남성 영화감독은 여성 영화감독보다 여섯 배 많았다. 여성이 감독한 영화 대부분은 단출한 저예산 작품이었다. 거액의 예산이 투자된 영화 중 단 3퍼센트만이 여성 감독의 작품이었다. 화이트가 보기에 이러한 불균형은 좀처럼 노골적으로 드러나지 않기에 깨부수기도 어려운 뿌리 깊은 성차별적 편견을 반영한다. 예를 들어, 사람들은 여성이 수많은 출연자와 직원을 통솔하기 어려워할 것이고, 가정이 있는 여성은 장시간 일하려 하지 않을 거라고(한편, 영화 촬영장에서 가장 오랜 시간 근무하는 직종은 언제나 여성이 압도적으로 많은 의상, 헤어, 메이크업 분야다) 지레 추정한다. 또한, 여성은 어린이 영화나 가정극처럼 특정 소재만 연출할 수 있다는 흔한 편견도 있다. 화이트는 이라크 침공을 다룬 TV 미니 시리즈로 에미상 후보에 이름을 올린 후에야 첫 번째 장편영화 연출 제안을 받았다. 하지만 이는 어린이를 위한 영화였다. (화이트는 영화 예고편에 이런 보이스오버가 흘러나오는 것을 상상했다. "〈제너레이션 킬〉의 감독이 연출한 〈내니 맥피: 유모와 마법 소동〉.") 이후 그녀는 고예산 스릴러와 사극 장르를 연출했다. 하지만 그녀는 자신 같은 경우가 매우 드물다고 말한다. 주류 영화 중, 상당히 규모가 큰 작업을 맡는 여성 감독은 거의 없다. 대다수 사람은 그런 감독의 이름을 다섯 명도 채 꼽지 못한다(캐스린 비글로Kathryn Bigelow, 제인 캠피언Jane Campion, 소피아 코폴라Sophia Coppola…).

이 이름들이 100년 후에도 기억될까? 그럴 수도 있지만, 페미니스트는 여성에게 끈질기게 따라붙는 또 다른 형태의 문화적 배제를 상세히 기록해왔다. 당대에 능력을 인정받은 여성일지라도 역사적 기록에서 삭제되는 경우가 바로 그것이다. 1970년, 슐라미스 파이어스톤은 "문화에 직접 이바지한 여성은 어떠한가?"라는 질문을 던진 뒤, "그리 많지 않다"라고 짧게 답했다.[82] 하지만 이후 페미니즘 학문은 파이어스톤이 알던 것보다 더 많은 여성이 존재한다는 사실을 밝혀냈다. 옛 여성들의 문화적 공헌을 기록하는 일은 (오늘날도 마찬가지지만) 페미니스트 연구의 중요한 목표가 됐다. 그 작품 본연의 가치가 드러나기 때문만이 아니라, 여성의 업적을 가시화함으로써 현재를 사는 여성을 낙담하게 하고 배제하는 "여성 위인은 없다"라는 과거에 관한 믿음을 깨부수기 때문이기도 하다.

과학의 영역에서 페미니즘 학문은 다양한 여성 과학자의 존재에 이목을 집중시켰다. 카롤리네 허셜Caroline Herschel(18세기 독일 출생 천문학자, 왕립 협회 최초의 여성 [명예]회원), 메리 애닝Mary Anning(화석 수집가이자 고생물학자), 에이다 러블레이스Ada Lovelace(컴퓨팅 개발의 선구자), 네티 스티븐스Nettie Stevens(1905년, 성별 결정에서 X, Y 염색체의 역할을 밝혀낸 미국의 생물학자), 리제 마이트너Lise Meitner(20세기 중반, 오토 한Otto Hahn과 함께 핵분열을 발견해 낸 오스트리아의 핵물리학자), 조슬린 벨 버넬Jocelyn Bell Burnell(1960 년대에 박사 과정 중 펄서를 발견한 천체물리학자), 캐서린 존슨Katherine Johnson(2016년에 개봉한 영화 〈히든 피겨스〉의 주인공인 나사NASA 의 수학자)이 그 예다. 정전이라 불릴 만한 작품을 남긴 이들은 거의 예외 없이 남성인 서양의 클래식 작곡 분야에서 페미니즘 학문은 몇 세기 전으로 거슬러 올라가 수많은 여성 인재를 발굴 해냈다. 애나 비어는 그녀의 책[83]에서 유명한 남성 작곡가와의 관계 때문에 우리가 익히 잘 알고 있는 여성들(멘델스존Mendelssohn 의 누나 파니 헨젤Fanny Hensel, 슈만Schumann과 결혼한 클라라 비크Clara Wieck 등)뿐 아니라, 르네상스 시대에 피렌체에서 궁정 작곡가로 일 했던 프란체스카 카치니Francesca Caccini, (1694년 파리에서) 오페라 공연을 개최한 최초의 프랑스 여성 작곡가인 엘리자베트 자케 드 라 게르Élisabeth Jacquet de La Guerre, 하이든Haydn과 동시대인으로서 같은 건물에 살았고 생전에 종교음악 작곡가로 높이 평가받았 던 마리아나 마르티네스Marianna Martines처럼 우리에게 별로 친숙 하지 않은 여성의 이야기도 다룬다.

페미니스트는 이러한 여성들을 다시금 글로 기록하는 작업 외에도 그들의 이름이 어떻게 삭제됐는지 묻기도 했다. 과학자 의 경우, 여성의 업적을 함께 일한 남성에게 돌리는 '마틸다 효 과'(미국의 참정권 운동가이자 19세기에 이러한 현상에 관해 글을 쓴 마틸다 조슬린 게이지Matilda Joslyn Gage의 이름에서 따왔다)가 지속해서 발생한다. 리제 마이트너와 조슬린 벨 버넬은 둘 다 노벨상을 받지 못했다. 노벨 위원회가 그들의 과학적 발견을 무시해서가 아니라, 남성에게 상을 주기로 선택했기 때문이었다(마이트너의 공동 연구자 오토 한, 벨 버넬의 박사과정 지도 교수가 수상했다). 거의 모든 사람이 이름을 아는 여성 과학자 마리 퀴리Marie Curie조차도 처음에는 1903년 노벨상 후보에서 제외되었다가, 결국에는 앙리 베크렐Henri Becquerel과 남편 피에르Pierre와 함께 공동 수상하게 됐다. 그녀의 이름은 피에르가 위원회에 항의한 후에야 후보에 오를 수 있었다. 위원회는 남녀 공동 연구에서 (여성이 책임자인 경우는 말할 것도 없고) 여성이 동등한 협력자이리라고는 상상조차 하지 못한 것이 확실하다. 이러한 문제는 과학 분야에만 국한된 것이 아니다. 애나 비어는 1919년, 바이올린 소나타 작곡으로 상을 받은 리베카 클라크Rebecca Clarke의 경우도 소개한다. 그녀는 그 곡을 작곡한 것이 실제 본인인지, 아니면 여성의 이름을 가명으로 사용한 남성인지 질문받아야 했다. 클라크가 아니라 프랑스 작곡가 모리스 라벨Maurice Ravel이 작곡한 것 아니냐는 의문이 제기되기도 했다. 이는 클라크의 능력을 칭찬하는 것이지만, 그녀의 성별에 대한 모욕이기도 하다. ("여성 천재는 존재하지 않는다. 천재인 여성은 남성이다.")

예술 분야에서 여성의 작품을 과소평가하는 일반적인 방법으로 '아류minor'로 치부하는 것이 있다. 즉, 일부 여성의 능력은 썩 괜찮지만 위대하다고 할 만한 수준에 이르지는 못했다고 말하는 것이다. 그들의 작품은 평범하고, 파생된 것이며, 감정적이고, '가볍다'. 이는 여성 자체에 종종 들러붙는 부정적 특징들이다. 페미니스트들은 일찌감치 이러한 수사를 지적했다. 1968년, 문학평론가 메리 엘먼은 "여성이 쓴 책은 그조차 여성으로 취급되며 (…) 비평은 가슴과 엉덩이를 지적으로 측정하기 시작한다."라고 비판했다.[84] 소설가 캐서린 니컬스가 2015년에 했던 실험을 살펴보면 여성 작가의 작품이 젠더라는 프리즘을 통하지 않고 읽히기란 여전히 불가능해 보인다. 니컬스는 똑같은 원고를 여러 출판사에 보내면서 일부는 본인의 이름 '캐서린'을, 나머지는 가상의 남성 이름인 '조지'를 작가명으로 사용했다. 캐서린의 작품을 읽은 출판사는 그녀의 글이 '서정적'이라고 칭찬했다. 반면, 조지의 작품을 읽은 출판사는 그의 글이 '명민'하고 '구성이 훌륭'하다는 평을 남겼다. 출판사들은 조지의 글을 선호했다. 니컬스는 관심 표현을 17번이나 받은 캐서린의 분신 조지를 두고 "똑같은 책을 나보다 8.5배나 더 잘 썼다"라고 비꼬듯 말했다.[85]

모든 출판사가 같은 글을 읽었기에 '조지'에게 긍정적인 반응이 더 많았다는 사실은 남성을 선호하는 무의식이 작용했다고 볼 수 있다. 물론 성차별은 의식적이고 고의적일 수도 있다. 어떤 쪽이건 간에, 이는 여성의 작품이 열등하고 '아류'에 불과하다는 생각이 끈질기게 이어지는 이유 중 하나다. 여성은 권위가 떨어지는 형식이나 장르만 다룰 수 있었다는 점도 또 다른 이유다. 과거에 대형 오케스트라가 연주하는 교향곡을 만들 수 있는 여성 작곡가는 거의 없었다. 여성 화가들도 베르트 모리조Berthe Morisot나 메리 커샛Mary Cassatt 같은 인상파 화가의 작품이 연상되는 집안 풍경과 어머니와 자식을 담은 초상화처럼 '여성적인' 주제만 의뢰를 받거나 그런 그림을 그릴 것으로 기대됐다. 또, 후대를 위해 무엇을 보존할 것인가에 관한 질문도 있다. 프란체스카 카치니Francesca Caccini는 앞으로도 알려진 바가 거의 없는 비주류 인물로 남을 것이다. 연주하고 연구할 만한 카치니의 악보가 남아 있지 않기 때문이다. 자칭 '게릴라 걸스Guerrilla Girls'라는 이름을 내건 익명의 페미니스트 활동가들이 1985년부터 줄곧 지적해왔듯이, 시각예술 분야에서 여성의 작품은 박물관 소장품과 전시회에 포함되지 않거나 소수만 포함됨으로써 그 가치가 절하되고 '아류'로 치부된다. 게릴라 걸스의 한 유명 포스터는 이런 질문을 던진다. "여성이 메트로폴리탄미술관에 입성하려면 꼭 헐벗어야 하는가?" 이는 뉴욕 메트로폴리탄미술관에 걸린 작품 중, 여성의 나체를 그린 작품이 여성 예술가의 작품보다 훨씬 많다는 사실을 꼬집은 것이다.

여성 예술가, 작가, 음악가, 영화 제작자는 남성과 똑같은 기회와 인정을 받을 자격이 있다는 데 반박할 페미니스트는 없을 것이다. 하지만 어떤 이들은 이제껏 여성을 부당하게 배제해온 전통과 정전에 특출난 여성을 위한 자리를 몇 개 마련하는 것으로는 문화 자체의 남성 중심성이라는 더 깊은 문제를 해결할 수 없다고 말한다. '위대함'이나 '가치'를 판단하는 데 사용하는 기준, 혹은 애초에 무엇이 예술이나 지식으로 여겨지는지에 관한 기준들은 중립적이지 않다. 이는 남성에 의해, 남성을 위해, 남성의 관념으로 만들어진 문화적 전통이다. 시몬 드 보부아르는 "남성은 [세상을] 그들의 관점으로 설명하면서 이를 절대적 진리인 양 착각한다"라고 말했다.[86] 그렇기에 페미니스트는 펜, 붓, 카메라를 드는 이가 누구인지 관심을 가져야 한다. 이는 성별이 여성일 뿐인 예술가 개인에게 동등한 기회를 줘야 한다는 요구의 문제일 뿐만 아니라, 다른 관점, 즉 가부장적 전제와 기준에 대적하는 관점으로 세계가 재현되길 바라는 문제이기도 하다.

수재나 화이트는 여성 혹은 남성끼리도 똑같은 관점을 취하지 않는다는 것을 인정하는 한편, 그럼에도 서로 다른 사회적 지위와 일상 경험에서 비롯되는 차이가 분명 존재한다며, 남녀가 세상과 관계 맺는 방식이 다르기에 그들이 들려주는 얘기도 다르다고 강연 '자기만의 스크린'에서 말했다. 만약 "우리가 바라보는 스크린은 우리 사회를 다시 비춘다"면, 모든 이야기가 남성의 입에서 나올 때 무엇이 스크린에 반영되지 않는지, 혹은 무엇이 왜곡되어 반영되는지를 유심히 살펴야 한다. 예술에 재현되는 자기 모습을 바라보는 시각은 삶에서 무엇이 가능하고 바람직한지에 관한 우리의 인식에 영향을 미친다. 화이트는 영화 〈헝거 게임〉 1편을 예로 든다. 활과 화살을 능숙하게 다루는 여성 주인공 캣니스가 등장하는 이 영화가 개봉한 후, 활쏘기를 시작한 여자아이의 수가 급격히 증가했다. 이처럼 특정 예시는 사소해 보일지 모르나, 그 일반 원리는 사소하지 않다.

하지만 여성이 만든 재현물이 많아지면 자동적으로 색다른 그림이 탄생한다고 그토록 단순하게 가정해도 될까? 남성뿐만 아니라 여성조차, 그러니까 세계를 바라보는 모든 이의 시각은 가부장제 전통에 따라 형성되지 않는가? 슐라미스 파이어스톤은 그렇다고 믿었다. 그녀는 19세기 여성 화가의 작품을 논하면서 "그들은 남성의 눈으로 여성을 바라봤고, 남성이 생각하는 여성을 그려냈다"라고 말했다.[87] 그녀는 남성이 만들어낸 전통에 따라 작업하는 것이 중요했기에 여성의 창작물도 '가식적'이게 됐다고 지적하면서도 그것이 불가피한 일이었다는 것을 알았다. 진정한 여성 전통이라 할 만한 대안이 존재하지 않았기 때문이다. 파이어스톤이 그 글을 쓰고 몇 년 뒤, 많은 이론가와 예술 종사자가 이 문제를 깊이 있게 탐구했다. 여성은 어떻게 "남성의 눈으로" 자기 자신과 세계를 보게 되는가? 페미니스트는 새로운 전통을 만들 수 있을까? 그렇다면 페미니스트의 재현물은 어떤 모습일까?

동명의 TV시리즈를 바탕으로 만든 책『다른 방식으로 보기』에서 존 버거는 서구 재현 예술의 관습이 여성의 본성과 사회적 역할에 관한 가부장적 전제를 어떻게 반영함과 동시에 강화하는지 살펴봤다. 그의 논의 중 가장 유명한 구절은 삶과 예술에 관해 이렇게 설명한다.

> 남성은 행동하고 여성은 보여진다. 남성은 여성을 바라본다. 여성은 보여지는 자신을 본다. 이는 대부분의 남녀 관계뿐만 아니라, 여성이 자기 자신과 맺는 관계도 결정한다. 여성의 내면에 존재하는 감시자는 남성이며, 감시당하는 이는 여성이다. 그렇게 여성은 자신을 객체로 바꾼다. 특히 시선의 대상으로, 하나의 광경으로 바꿔놓는다.[88]

버거는 유럽의 나체화 전통을 예로 들면서 이러한 논지를 설명한다. 여성의 나체는 이성애자 남성으로 가정되는 관객에게 성적 욕망의 대상이다. 남성 예술가의 책임이라 할 순 없지만, 많은 경우 그들은 여성이 대상화에 연루되는 방식으로 여성을 재현한다. 그는 관객 쪽으로 몸을 틀고 있는 여성을 그린다. 이 부자연스러운 비틀림에는 자신을 내보이고 싶어 하는 여성의 갈망이 깔려 있다. 남성 예술가는 관객을 똑바로 바라보며 남성의 욕망을 적극적으로 간청하고 이를 즐기는 여성을 그리기도 한다. 혹은 거울에 비친 자신의 모습에 감탄하는 여성의 모습을 그린다. (버거는 이런 그림이 특히 위선적이라고 말한다. "이들은 여성의 손에 거울을 직접 쥐어줘 놓고 그림에 〈허영〉이라는 제목을 붙인다. 자신의 쾌락을 위해 나체의 여성을 그린 뒤 이를 도덕적으로 비난하는 것이다."[89]) 여성의 육체는 그 나체를 그리는 남성과 그 여성을 그리도록 비용을 지급한 남성 간의 거래에서 상품이다. 하지만 여성을 재현하는 관습은 마치 여성이 통제권을 지닌 것처럼 보이게 한다.

『다른 방식으로 보기』가 세상에 나오고 3년 뒤, 페미니스트 영화감독이자 이론가인 로라 멀비는 '남성적 응시male gaze'라는 개념을 설명한 학술 논문 「시각적 쾌락과 내러티브 영화」를 발표했다.[90] 이 문구는 오늘날 "남성이 여성을 바라보는 방식"이라는 단순한 뜻으로 사용되곤 하지만, 멀비는 그보다 더 복잡한 것을 얘기했다. 버거와 같이 멀비도 재현의 관습(특히 주류 내러티브 영화)이 남녀 관객 모두에게 (이성애자) 남성의 관점을 취하도록 요구한다고 주장했다. 관객이 행위의 중심에 놓인 남성 주인공과 동일시하고, 스크린 속 남성들이 여성 등장인물을 바라보는 것과 같은 (일반적으로 대상화하는) 방식으로 여성을 바라보게 만드는 것이다. 영화의 경우, 관객이 남성 인물에 이입해서 여성 인물을 응시하게 만드는 효과를 만들어내는 핵심 도구는 카메라다. 시청자가 바라보고 주의를 기울이는 대상은 카메라의 위치와 움직임에 따라 제한된다(하지만 사실주의 영화에서 감독은 시청자가 카메라를 최대한 인식하지 못하게 만들려고 노력한다). 이는 주로 시청자의 시선이 남성 주인공의 시점과 일치하도록 카메라를 정렬하는 방식으로 이루어진다. 예를 들어, 카메라는 패닝으로 여성 인물의 몸을 천천히 훑거나, 줌인으로 여성 신체 일부를 클로즈업해 여성을 뚫어지게 바라보는 남성 인물을 보여주어 시청자가 남성과 함께 바라보도록 부추기거나, 남성 시선의 궤적을 흉내 내어 남성이 여성을 보고 있다는 것을 알려준다. 따라서 '남성적 응시'는 이성애자 남성뿐만 아니라 모든 관객에게 기본적인 시선이 된다. 이처럼 고도로 젠더화한 시선은 영화 감상이라는 총체적 경험에서 얻는 쾌락과 연동된다. 이는 남성뿐만 아니라 여성도 여성의 육체를 대상화하도록 유도하는 또 다른 방법이다.

혹인 그리고/또는 교차성 페미니스트의 관점에서 만든 최근 작은 서구/유럽 예술에서 구성된 시선이 남성뿐만 아니라 백인이자 인종주의자, 식민주의자의 것이라고 강조한다.[91] 혹인 여성을 향한 이 시선은 독특한 형태의 대상화를 만들어낸다. 수많은 작가는 19세기 초, 남아프리카에서 유럽으로 끌려가 '호텐토트의 비너스'라는 인종차별적 별명을 달고 유료 관객 앞에 전시된 코이산 부족 여성인 세라 바트먼Sarah Baartman의 사례에서 이러한 시선이 어떻게 작동했는지 탐구했다. 살아생전뿐 아니라 사후에도 유럽 '인종 과학'을 위해 육신이 해부되어 일부는 박물관에 전시됐을 때, 바트먼은 말 그대로 '원시적'이고 과도하게 성적인 아프리카 여성을 보여주는 하나의 표본이자 전형으로 취급됐다. T. 데니언 샤플리화이팅의 말을 빌리자면, 바트먼은 "한 명의 사람이나 인간조차 아니라, 그저 자극적인 호기심 거리이자 엉덩이와 생식기의 콜라주로 보였다."[92] 오늘날 이러한 태도를 옹호하는 유럽인은 거의 없지만, 일부는 바트먼

같은 19세기 흑인 여성 이미지에서 볼 법한 모멸적인 도상을 계속해서 사용한다. 이러한 이미지는 벌거벗은 모습이나 철창 안에서 사족 보행하는 그레이스 존스Grace Jones의 모습을 찍은 장폴 구드Jean-Paul Goude의 유명 사진뿐만 아니라 엉덩이에 샴페인 잔을 올려놓은 킴 카다시안Kim Kardashian의 최근 사진(물론 카다시안은 백인이며, 이브닝드레스와 장갑을 끼고 있다)에서도 암시되어 있다.

애초에 재현이 어떻게 작동하고, 그 과정에서 무엇이 성취되는지 알아보기 위해 앞서 이론적 논의를 살펴봤다. 하지만 이 시도들은 대안적인 재현 형태의 실험을 끌어내기도 한다. 로라 멀비는 그녀가 비판한 관습에 기대지 않고, 관객이 영화에 거리감을 느끼며, 카메라의 물질적 존재를 인지하게 만드는 영화를 옹호했다(그녀는 피터 울렌Peter Wollen과 함께 영화를 직접 제작하기도 했다). 다른 페미니스트 영화감독들은 또 다른 방식으로 주류 영화의 관습에 도전했다. 벨기에 감독 샹탈 아케르만Chantal Akerman의 영화 〈잔 딜망Jeanne Dielman〉(멀비가 논문을 발표한 그해에 제작된 영화로, 《뉴욕 타임스》에게서 "영화사상 최초의 걸작 여성 영화"라는 찬사를 받았다)의 주인공 잔 딜망은 혼자 아이를 키우며 집에서 남성 고객에게 성매매를 하는 것으로 자신과 가족을 부양한다. 영화는 그녀가 일상을 영위하는 모습을 사흘 내리 담아낸다. 이 영화는 무언가 극적이고 예기치 못한 사건이 이내 벌어질 것이며, 단조롭고 지루한 모습은 아예 보이지 않거나 배경으로 처리

될 거라는 일반적인 기대를 배신한 채 침구 정리, 설거지, 식사 준비와 같은 일상적인 행동을 실시간으로 보여준다. 영화는 잔의 성 노동을 가사 노동보다 더 중요하게 다루지도, 어떤 방식으로건 미화하지도 않는다. 극적인 사건이 발생하기는 하지만 (직접 볼 가치가 있기에 무슨 사건인지는 굳이 설명하지 않겠다), 아케르만은 내러티브의 그 어떤 부분이라도 할리우드의 관습적 방식으로 다루지 않으려 단호하게 저항한다.

로라 멀비는 시각적 쾌락에 관해 쓴 논문의 결론부에서 1970년대의 급진적인 영화들이 관습적인 내러티브 시네마가 선사하는 쾌락과 만족을 관객에게 허락하지 않았다는 점을 짚었다. 그리고 이를 커다란 손실이라 생각지 않았다. 멀비는 이렇게 결론 지었다. "여성의 이미지는 도난당했고, 그 목적[예: 남성적 응시의 요구 충족]으로 사용되었다. 그러한 전통적 영화 형식의 몰락을 바라보는 여성들의 심정은 감상적인 애석함에 지나지 않는다." 하지만 영화 이론이나 예술 영화계 바깥의 여성들이 이러한 주장에 얼마나 많이 동의할지는 미지수다. 그로부터 40년도 넘게 지난 현재, '전통적 영화 형식'이 완전히 사라지지 않았다는 것은 확실하다. 동네의 멀티플렉스에서 어떤 영화가 상영되는지 살펴보면, 영화를 감상하는 사람 대부분 여전히 내러티브 시네마의 쾌락에 젖어 있다는 것을 알 수 있다. 이는 페미니스트들이 관객의 기대에 도전하는 급진적인 예술 작품을 만들어야만 한다는 의미가 아니다. 오히려 덜 급진적인 개입도 필요하다는 뜻일 수도 있다. 성차별적 재현이 깊숙이 배어 있고 모든 측면에서 만연한 사회에서 수재나 화이트가 언급한 변화(예를 들어, 카메라 뒤에서 영화 제작에 참여하는 여성의 증가, 앞에 나서서 말하는 여성의 증가, 영화 이야기의 다양성 증가) 또한 긍정적인 변화를 만들 수 있다.

나는 이를 '덜 급진적인 개입'이라고 불렀지만, 최근에는 어떠한 종류의 페미니스트 개입조차 견딜 수 없을 만큼 급진적인 것으로 여겨지는 경우가 있다. 예를 들어, 원래 남성 주인공 네 명이 출연한 유명 할리우드 영화 〈고스트버스터즈〉를 2016년에 여성 주인공 넷으로 리메이크했을 때 얼마나 많은 분노가 쏟아져나왔는지 생각해보자. 혹은 2013년, 잉글랜드 은행이 지폐 속 인물을 퀘이커파 사회 개혁가 엘리자베스 프라이Elizabeth Fry에서 윈스턴 처칠Winston Churchill로 바꾸겠다고 발표했던 때를 떠올려보라. 2016년까지 통용된 잉글랜드 지폐 네 종류에 모두 남성의 이미지가 담겨 있다는 사실을 깨달은 작가이자 활동가 캐럴라인 크리아도페레스Caroline Criado-Perez는 다음번 지폐에 여성 인물의 얼굴을 새기기 위한 운동을 시작했다. 그러자 그녀는 즉각 강간과 살해 협박에 시달렸고, 그중 일부는 그 정도가 심각해 징역형을 선고받은 협박범도 있었다. 또, 2012년에는 미국 기반 미디어 비평가 어니타 사키지언Anita Sarkeesian이 괴롭힘의 표적이 됐다(그녀를 괴롭히는 이들 중 한 명은 '어니타 사키지언을 두들겨 패라'라는 제목의 게임을 만들기도 했고, 또 다른 이는 예정된 강연에 찾아가 그녀를 총으로 쏘겠다고 협박했다). 사키지언이 무슨 짓을 했기에 이런 반응이 나온 것일까? 단지 그녀는 게임 속 성차별의 예시를 분석하는 '관습 대 여성'이라는 영상 시리즈를 만들었기 때문이었다.

각 사례는 모두 있었던 일에 비해서 그에 대한 반응이 너무 과도해 보인다. 여성의 얼굴이 들어간 지폐 한 장쯤이나 여성이 주연을 맡는 주류 영화 하나쯤 세상에 있어도 되지 않겠냐는 생각에 왜 그토록 많은 사람이 위협을 느꼈을까? 이토록 강렬한 분노는 문화가 남성의 전유물이라거나 그래야만 한다는 확신을 보여주며, 오늘날 성 정치의 중심이 문화적 문제에 놓여 있다는 것을 말해주는 것일지도 모른다. 오늘날 '매니니스트meninist'라 불리는 대안 우파의 유명 반페미니스트 논객들은 문화 정치에 에너지를 가장 많이 쏟아붓는다.[93] 그들은 문화가 변하려면 정치가 변해야 하는 게 아니라, 오히려 그 반대로 정치 변동에는 문화 변동이 필수 조건이라고 믿는다. 페미니스트와 반페미니스트는 문화적인 것이 정치적인 것이라는 테제를 잘 알고 있다. 관념, 이미지, 이야기, 이론은 불평등을 지속하는 데도, 이에 도전하는 데도 중요한 역할을 한다. 최근, 대안 우파는 이제 서구 민주국의 남성에게 남은 것은 문화적 특혜밖에 없다는 느낌을 이용해왔다. 이들을 비웃기는 쉽다("여성 전투기 조종사/프로 축구 선수/총리는 허락해도, 여성 고스트버스터즈는 무슨 일이 있어도 절대 안 돼!"). 하지만 이들의 분노는 실재하며, 심각한 결과를 낳을지도 모른다. 페미니스트에게 이곳은 새로울 것 없는 전장이다. 하지만 문화의 현재적·미래적 중요성을 과소평가하는 일은 경계해야 한다.

7장 경계와 미래

페미니즘의 현황을 요약하려는 시도는 주기적으로 나타난다. 잡지 《프로스펙트》는 2017년, '제4 물결 페미니즘에 관해 궁금했지만, 감히 물어보지 못한 모든 것'이라는 제목으로 한 호를 발매했다.[94] 그 잡지에는 이런 구절이 실려 있다. "21세기 페미니즘은 새로워진 외연 덕에 일관된 정의를 내리기 어려워졌다." 여기서 '일관된 정의'가 '통일된 관념과 정치적 목표'를 의미한다면, 이전보다 오늘날 페미니즘의 일관성이 떨어진다고 할 수 있을지 확실치 않다. 시간이 지난 후에 돌아보면, 과거는 당시를 살았던 이들이 느꼈던 것보다 훨씬 일관되게 느껴지기 때문이다. 페미니스트가 현재의 정치적 상황에 맞서는 와중에 일종의 일관성은 외부에서 부여된 것이라고 말할 수도 있다.

2008년 금융 위기 이후, 수많은 곳에서 여성의 상황은 경제적·정치적으로 악화했다. 정부가 긴축정책을 펼치고, 민족주의와 우파 권위주의가 부활했기 때문이다. 인도, 폴란드, 러시아, 터키, 미국 같은(더 많은 나라가 있다) 나라에서 권위주의적 지도자와 보수적 국회의원들은 근과거에 페미니스트가 성취한 것들을 다시금 뒤엎어 놓으려고 애쓰고 있다(폴란드에서는 임신 중단을 완전히 금지하려고 했고, 러시아에서는 다양한 형태의 가정 폭력을 비범죄화했다). 일부 나라에서는 공무원이 페미니스트를 박해하기도 한다. 휴먼라이츠워치가 2017년 보고한 바에 따르면, 한 페미니스트 행사에 참석한 러시아 여성 단체는 경찰 조사를 받았고, '극단적 활동'에 따른 경고를 받았다.[95] 또 다른 나라에서는 극우 단체가 페미니스트를 괴롭힌다. 미국 대안 우파를 다루는 분석가들은 신新나치주의 또는 백인 우월주의 단체와 남성 인권 운동 간에 강력한 연관성이 있다는 사실을 발견했다. 이러한 상황에서 정치적 의제는 명확하다. '반격'이다. 이처럼 일관성이 언제나 좋은 신호는 아니다.

효과적으로 저항하려면 다양한 지지층과 목소리를 대변할 수 있는 폭넓은 연합이 필요하다. 이는 페미니스트가 여성 간의 권력과 불평등의 관계를 인정하고 해결해야 하는 또 다른 이유다. 원칙상, 모든 페미니스트가 이에 동의한다. '제4 물결'을 규정하는 특징 중 하나로 교차성 원칙을 꼽은 것은 《프로스펙트》의 기사가 처음이 아니다. 하지만 교차성을 논하는 것과 실제로

행하는 것은 다른 차원의 문제다. 도널드 트럼프의 취임에 항의하기 위해 조직된 여성 행진Women's Marches은 어떤 층위에서 보자면 인상적인 페미니스트 연합이었지만, 또 다른 층위에서 보자면 일부 여성이 다른 여성을 배제하고 주변화하는 갈등의 현장이었다. 흑인 여성들은 원래 여성 행진을 주최한 이들이 모두 백인이었으며, 이 주최자들은 이전에 흑인 여성 시위와 시민권 시위에서 썼던 이름을 그대로 빌려 쓰면서 일언반구 언급도 없었다고 지적했다. 한 활동가는 공개서한을 통해 행진의 주최자들을 지지할 수 없는 이유를 밝히기도 했다. "'모든 여성'과 '모든 목소리'를 조직에 흡수하려는 정치적 노력은 그저 아프리카계 사람들의 특정 요구를 지우려는 시도에 불과하다." 또한 '계집애 모자pussy hat'나 '계집애 파워pussy power' 표시판("여성의 성기pussy를 움켜쥐어라"라고 말하는 트럼프의 목소리가 담긴 악명 높은 테이프를 언급한 것이다)이 트랜스 여성을 배제하고 존중하지 못한다는 논의도 있었다.

이러한 논쟁은 '제4 물결'의 또 다른 특징을 보여준다. 바로 젠더 정체성과 다양성에 관해 새로운 질문을 다룬다는 것이다. 페미니즘은 그 역사상 대부분 여성이라는 계급의 권리, 평등권, 해방을 부르짖는 '여성의 운동'으로 여겨졌다. 2015년에 로리 페니가 그랬듯, "페미니즘이 여성에 집중하면 소외를 유발할 수도 있다"[96]라고 불평하는 것은 빵집에서 빵을 팔았다고 불평하는 것과 다를 바 없어 보였을 것이다(혹은 몇 세기 동안 "그러면

남자는?"이라고 외쳐온 반페미니스트 취급을 받았을 것이다). 하지
만 오늘날 페미니즘 내에는 전통적 정의의 기초에 의문을 제기
하는 이들이 있다.

로리 페니는 '젠더퀴어'라는 새로운 흐름에 속한다. 이들이
생각하는 페미니즘이란 단순히 여성 억압과 남성지배를 끝장
내려는 운동이 아니라, 애초에 양성이라는 두 범주를 생산해내
는 경직된 이분법적 젠더 체계에서 모두를 해방하려는 운동이
다. '남성' 혹은 '여성'이 아닌 다른 존재(트랜스, 논바이너리, 에이
젠더, 젠더플루이드, [젠더]퀴어)로 자신을 정의하는 많은 이들처
럼 그녀는 어린 시절, 자신이 누구인지에 대한 감각을 포착하
기에 일반적인 이분법적 범주가 적절치 않다고 생각했다(하지
만 페니는 이제껏 자신을 여성으로 정의해왔기에 내가 '그녀'라는 대
명사를 써도 이의를 제기하지 않을 것이다). 이러한 관점은 젠더란
여성과 남성 구성원에게 사회가 부과하는 제한적이고 불평등
한 역할이라고 보는 제2 물결 페미니스트의 방식을 취하지 않
는다. 대신, 젠더란 개인이 자유롭게 자신을 정의하는 정체성의
한 형태라고 본다. 제2 물결 페미니스트는 정치적 글쓰기나 유
토피아 소설을 통해 젠더 구분이 없는 미래 세계를 종종 상상했
다면(1970년, "생식기의 차이가 문화적으로 중요하지 않은" 세상에
관해 쓴 슐라미스 파이어스톤의 글이 그 예다), 페니는 그와 다른 미
래를 그린다.

나는 젠더 없는 세상을 원하지 않는다. 내가 원하는 세상은 젠더가 억압적이거나 강제적이지 않고, 지구상에 존재하는 사람의 수만큼 다양한 방식으로 젠더를 표현하고 수행하며, 자기 정체성과 연관시킬 수 있는 세상이다. 나는 젠더가 고통스럽지 않고 즐거운 세상을 원한다.

누군가는 이 또한 파이어스톤을 추종하는 '젠더 비판적' 페미니스트가 보고 싶어 하는 세계와 별반 다르지 않다고 말할지도 모른다. 지구상의 사람들만큼 다양한 젠더 정체성이 존재한다면, 현재와 같은 형태의 젠더는 결국 사라질 것이기 때문이다. 그러면 젠더라는 단어는 '개인의 성별에 따라 부과되는 사회적 역할'이 아니라 '개인의 성격을 표현하는 일련의 행동'과 비슷한 의미를 띠게 될 것이다. 만약 이처럼 젠더퀴어 페미니스트와 파이어스톤의 급진적 페미니즘 추종자가 서로 다른 길을 걸을 뿐, 사실 같은 목적지를 향하고 있는 거라면 왜 이들 간에 갈등이 벌어지는 걸까?

한 가지 대답은 이렇다. 사실상 모든 페미니스트는 젠더가 사회적 구성물이라는 데 동의하지만, 젠더가 무엇을 위해 구성됐고, 지금과 같은 구성 방식은 누구의 이익을 위한 것인지 묻는 질문에 대한 대답이 서로 다르기 때문이다. 4장에서 설명했듯, 문화가 '여자다움'이나 '남자다움'으로 규정한 자질이나 행동에서 나타나는 차이는 임의적이지 않다. 이는 여성을 예속 상태에

두면서 남성지배를 정당화하려는 목적으로 설계됐다. 이러한 방식으로 젠더를 바라보는 페미니스트는 의식적이거나 모순적인 젠더 '수행'(페미니스트/퀴어 이론가인 주디스 버틀러Judith Butler의 작업에서 가져온 개념)이 정치적 전복성을 띤다는 생각을 의심한다.[97] (그녀는 동의하지 않지만) 로리 페니가 언급하듯, 일부 페미니스트는 퀴어와 트랜스젠더의 수행이 여성을 남성에게 예속시키는 체계를 전복하는 게 아니라 오히려 강화한다고 생각한다. 특히 그들이 전형적인 여성성과 남성성을 수행할 때 더욱더 그렇다고 말한다.

또 다른 대답도 있다. 현대 젠더 정체성 정치는 무엇이 '여성'이라는 범주를 정의하는지에 관한 근본적인 질문을 불러일으키는데, 페미니스트들은 여기서도 의견이 나뉜다. 거의 모든 페미니스트가 "여성은 태어나는 것이 아니라 만들어지는 것이다"라는 데 동의한다지만, 여전히 의문은 남는다. 그래서 어떻게 여성이 되는가? 누구나 여성이 될 수 있는가, 아니면 특정 종류의 개인사를 거쳐야 하는가(소속된 문화에서 태어난 순간부터 당신을 남아와 정반대 방식으로 여아로 대우해주는 등)? 여성이 되는 것은 특정 신체를 지녀야 한다는 조건과 불가분의 관계에 있는가? 육체는 사회적 맥락 속에 존재하기에 체현 경험은 사회의 영향을 받는다고 하더라도, 여성 억압을 끝내려는 페미니스트의 활동이 고려해야 할 물리적 육체의 현실이 존재하는가?

로리 페니는 (전통적인) 페미니스트 활동과 젠더퀴어 페미니즘이 양립 불가능하지 않다고 믿는다. 그녀는 "성은 정치적 범주이며, 나는 정치적으로 여전히 여성의 편에 선다"라고 말한다. 하지만 (양쪽 진영 모두에서) 일부 페미니스트는 두 관점이 조화를 이룰 수 있다고 생각지 않는다. 이에 관한 논쟁은 무척 명확하게 양극화되어 있지만, 논쟁의 지형이 빠르게 변화하는 분야이기도 하다. 그래서 짧은 시간 안에 이 논쟁이 얼마나 발전할지 예측하기 힘들다. 이는 주로 세대 간 갈등처럼 나타나기도 한다(예컨대, 새로운 젠더 정체성 정치를 비판하는 이들은 제2물결의 개념을 바탕으로 한 구세대 페미니스트이며, 그들과 의견이 다른 젊은 여성들이 점차 페미니즘의 대세를 장악해가면 구세대 페미니스트의 관점은 점점 타당성을 잃을 것이라고 보는 시각). 하지만 이는 틀림없이 내가 서문에서 언급한 경향의 한 가지 예다. 즉, 페미니즘의 '물결' 모델은 각 세대의 코호트 내에 존재하는 정치적 차이를 납작하게 만들어 축소해버린다는 것이다. 페미니즘이 무엇이고 페미니즘은 무엇을 위한 것인지에 관한 의견이 다르면 젠더의 본질과 의미에 관한 관점도 달라진다. 이러한 차이들은 현재에도, 과거에도 그랬듯, 페미니즘의 미래에도 함께할 것이다.

현대 페미니즘 속 젠더 정체성의 중요성은 문화 전반에서 정체성이 차지하는 중요성을 보여준다. 또, 이는 오늘날 페미니즘의 현황에 대한 비판을 불러일으키기도 했다. 실비아 월비는 21세기에 페미니즘은 정치적 활동이라기보다 점차 일련의 개인적 정체성으로 개념화되고 있다고 말한다. 우리는 "그자가 페미니즘을 하는가?"라고 묻지 않고 "그자는 페미니스트인가?"라고 묻는다. 월비는 이처럼 자기 정의에 방점을 두는 것은 교차성과 포용이라는 목표를 거스를 수도 있다고 말한다. 노동조합의 예처럼 실제로는 여성 억압에 저항하고 여성 진보에 힘쓰는 등 페미니즘을 행하지만, 그 구성원이나 조직이 페미니즘이라는 용어를 중심으로 자신을 정의하지 않으면 이를 '페미니스트' 활동으로 인정하지 않는 경향이 있기 때문이다. 정확하게는 이런 활동들이 젠더와 인종, 계급의 교차성에 중심을 두고 있기에 이들을 페미니스트 활동으로 보지 않고 승인하지 않는 것은 노동계급과 흑인, 소수민족 페미니스트를 주변화하는 결과로 이어진다.

일부 평론가는 정체성으로서의 페미니즘이 출현하게 된 것은 소비 자본주의가 풀뿌리 운동의 이미지와 개념을 전유하고 이를 시장에 내다 팔 수 있는 상품으로 만드는 방식과 연관이 있다고 분석한다. 앤디 자이슬러는 『페미니즘을 팝니다』에서 현재 페미니즘은 "모두가 소비할 수 있고, 소비해야 하는 정체성"으로 홍보되고 있으며, 그 결과 페미니즘이 희석되고 탈정치화된다고 말한다. 구체적인 정치적 활동에 전혀 개입하지 않는 사람도 페미니즘을 상징하는 제품을 구매해 페미니스트가 되도록 부추김을 받는다. 그 한 예가 최근 내 페이스북 피드에 떴다. 페미니스트박스™라는 제품의 광고였다. 60달러가 넘는 그 제품 패키지에는 티셔츠, 토트백, 배지, 스티커, 책 한 권, 잡지 두 권에다 해당 회사의 다른 제품을 구매할 시 할인을 받을 수 있는 쿠폰까지 들어 있었다. 2017년에는 패션을 중시하면서 돈이 충분한 소비자들이 710달러(수익금 일부는 리애나Rihanna가 설립한 자선단체에 기부된다)를 주고 "우리는 모두 페미니스트가 되어야 합니다"라는 문구가 새겨진 디오르Dior의 한정판 티셔츠를 구매할 수도 있었다.

이처럼 상품화한 페미니즘은 정치적인 문제를 개인 선택의 문제로 축소해 무의미한 담론을 만들어낸다는 비판도 따른다. 국제 여성의 날을 기념한답시고 "여성은 이제 여성이 하는 모든 행동에서 힘을 얻는다"라는 제목의 기사를 실은 풍자 신문 《어니언》The Onion의 패러디가 그 예다. 페미니즘이 개인 선택에 관한 첫 번째이자 가장 주요한 정치인지 묻는 논쟁도 중대한 정치적 문제(임신 중단법, 성매매 방지법을 개혁할 것인지, 어떻게 개혁할 것인지 등)와의 연관 속에서 제기될 수 있지만, 그보다 덜 중요한 문제에서 제기되기도 한다. 예를 들어, 2017년에 작가 제이디 스미스는 한 신문 인터뷰에서 여자아이들이 매일같이 화장하고 꾸미는 데 너무 많은 시간을 쏟는 것이 걱정된다며, 자신은 딸이 하루에 15분 이상 거울을 볼 수 없도록 제한했다고 한 적이 있었다.[98] 그러자 일부 페미니스트는 그녀가 화장을 선택한 여성을 비난했다고 말했다. 또한, 스미스 본인은 미용이 필요 없을 만큼 예쁘기에 그에 관한 의견을 낼 자격이 없다는 말까지 나왔다.

실제로 스미스가 비판한 것은 여성과 여자아이들이 외모에 너무 많은 관심을 쏟게 만드는 사회적 압박이었다며 그녀를 변호하는 이들도 있었다. 4장에서 언급했듯, 화장하기와 같은 여성의 결정은 사회에 만연한 미적 기준에 순응하거나 순응하지 않을 때 발생하는 실질적 결과에 영향을 받는다. 그러한 결정은 여자아이가 사회화되는 과정에서 형성되는 감정과 욕망의 영향을 받기도 한다. "개인적인 것이 정치적인 것이다"라는 구호의 의미 중 하나는 개인의 선택을 완전히 '자유로운 것'으로 볼 수 없다는 것이다. 개인의 선택은 언제나 선택이 내려지는 맥락에 따라 형성되기 때문이다. 정체성과 선택을 둘러싼 현재의 논의에서도 알 수 있듯, 이는 페미니즘 그 자체에도 적용된다.

현재 페미니즘이 '유행'이라 말할 수도 있다. 하지만 티셔츠를 사는 것 이상의 의미에서 페미니스트가 되기란 절대 쉽거나 간단하지 않다고 앤디 자이슬러 같은 작가는 말한다. 그런데도 페미니스트는 왜 페미니즘을 하는 걸까? 한 페미니스트 단체에 이러한 질문을 던지자, 그들은 정치적 활동에 따르는 곤란함과 희생에 집중하기보다, 그것이 그들의 삶을 풍족하게 해주는 방식에 중점을 두어 대답했다. 그들은 페미니즘이 자신들의 경험을 이해할 수 있도록 도와주는 새로운 세계관을 보여줬다고 말했다. 페미니즘은 그들이 다른 여성과 긍정적인 방식으로 관계를 맺을 수 있게 만들어주었고, 급진적인 변화가 가능하다는 믿음을 약화하기보다는 오히려 강화했다고 말했다. 많은 이가 혼자만의 느낌이라고 생각했던 것에 대해 똑같이 불편을 느끼는 여성 공동체를 발견한 뒤 안도했다고도 했다. 누군가는 "그 덕에 정신 건강을 유지할 수 있었어요"라고 했고, 어떤 이는 "페미니즘은 내 인생을 바꿨습니다"라고 했다. 다른 페미니스트 여성(누군가는 "스스로 생각하기를 두려워하지 않는 거친 여성들"이라고 부르기도 했다)과 맺는 관계는 모두에게 중요했다. 이들은 모두 정치적 갈등과 방해에 부딪혀야 했지만, 미래에 관해서는 긍정적이었다. "페미니즘은 낙관을 가져다줍니다. 페미니즘은 변화를 창조할 기회를 주니까요."

오늘날 페미니즘이 맞닥뜨린 과제가 무엇이건 간에, 이러한 낙관은 정당하다고 생각한다. 페미니즘의 기본 원칙은 세계에 통용되고 있다. 페미니즘의 영향은 사실상 모든 현대사회에서 어떤 식으로건 감지할 수 있다. 여성의 기본권과 자유를 부인하는 곳에서조차 말이다. 페미니즘은 앞으로도 계속해서 저항에 직면할 것이고, 논쟁을 일으킬 것이지만, "여성은 인간이라는 급진적 개념"은 사라지지 않을 것이다.

감사의 말

지난 몇 년 동안, 집단 지성으로 내게 가르침을 준 모든 페미니스트에게 감사의 마음을 전한다. 마리나 스트린콥스키, 테리사 배런, 그리고 특히 내게 최고의 비평가가 되어준 메릴 알트먼에게도 감사를 표한다.

미주

1   Kathy Frankovic, "Feminism Today: What Does It Mean?", YouGov, August 1, 2014, https://today.yougov.com/news/2014/08/01/feminism-today-what-does-it-mean/

2   도로시 세이어즈, 『여성은 인간인가?』, IVP, 2019, 7쪽.

3   Winifred Holtby, *Women and a Changing Civilisation* (John Lane, 1934), 96.

4   Marie Shear, "Media Watch: Celebrating Women's Words", review of *A Feminist Dictionary*, by Cheris Kramarae and Paula A. Treichler with Ann Russo, *New Directions for Women* 15, no. 3 (May-June 1986): 6. https://www.jstor.org/stable/community.28041159?seq=6

5   벨 훅스, 『모두를 위한 페미니즘』, 문학동네, 2017, 25쪽.

6   Nancy Hartsock, "Feminist Theory and the Development of Revolutionary Strategy", in *Capitalist Patriarchy and the Case for Socialist Feminism*, ed. Zillah Eisenstein (Monthly Review Press, 1979), 58.

7   Angela Davis, *Women, Race and Class* (Vintage, 1983); Paula Giddings, *When and*

Where I Enter: The Impact of Black Women on Race and Sex in America (William Morrow, 2007).

8 1850년과 1939년 사이에 영국에서 펼쳐졌던 여성운동을 간략하게 살펴보려면 다음을 참고하라. http://www.historytoday.com/martin-pugh/womens-movement 1920년부터 현재까지, 미국 페미니즘의 역사를 간추린 책으로 다음이 있다. Dorothy Sue Cobble, Linda Gordon, and Astrid Henry, *Feminism Unfinished: A Short, Surprising History of American Women's Movements* (Norton, 2014). 20세기의 영국 백인 페미니스트와 유색 인종 페미니스트가 쓴 수려한 이론적, 정치적 글이 실린 책으로 다음의 책이 있다. Heidi Safia Mirza, *Feminism Unfinished: A Reader*(Routledge, 1997). 흑인 영국/미국 여성의 정치 조직 역사를 담고 있는 책으로 다음이 있다. Julia Sudbury, *'Other Kinds of Dreams'* (Routledge, 1998); Annelise Orleck, *Rethinking American Women's Activism* (Routledge, 2015).

9 킴벌리 크렌쇼의 교차성 논의는 다음에서 볼 수 있다. http://www.ted.com/talks/kimberle_crenshaw_the_urgency_of_intersectionality 패트리샤 힐 콜린스와 시르마 빌게의 『상호교차성』은 교차성 개념을 간명하게 소개한다.

10 전 지구적 운동으로서의 페미니즘에 관한 논의는 다음의 책을 참고하라. Amrita Basu, *Women's Movements in the Global Era* (Routledge, 2016).

11 페미니스트 이론이 다루는 개념을 살펴보는 데 도움이 되는 사변 소설 선집으로 다음의 책이 있다. Judith A. Little, *Feminist Philosophy and Science Fiction: Utopias and Dystopias* (Prometheus Books, 2007).

12 프리드리히 엥겔스, 『가족, 사유재산, 국가의 기원』, 두레, 2012, 94쪽.

13 Michelle Rosaldo and Louise Lamphere, eds., *Women, Culture and Society* (Stanford University Press, 1974); Rayna R. Reiter, ed., *Toward an Anthropology of Women* (Monthly Review Press, 1975).

14 M. Dyble, G. D. Salali, N. Chaudhary, A. Page, D. Smith, J. Thompson, L. Vinicius, R. Mace, and A. B. Migliano, "Sex Equality Can Explain the Unique Social Structure of Hunter-Gatherer Bands", *Science*, May 15, 2015, 796-98.

15 슐라미스 파이어스톤, 『성의 변증법』, 꾸리에, 2016, 22, 25쪽.

16 Susan Sontag, "The Third World of Women", *Partisan Review* 40, no. 2 (1973):184.

17 Charlotte Bunch, "Women's Rights as Human Rights: Toward a Re-vision of Human Rights", *Human Rights Quarterly* 12, no. 4 (1990):486-98; Hillary Rodham Clinton, Remarks to the United Nations Fourth World Conference on Women Plenary Session, Beijing, China, September 5, 1995, https://www.americanrhetoric.com/speeches/hillaryclintonbeijingspeech.htm

18 메리 울스턴크래프트, 『여권의 옹호』, 연암서가, 2014, 96쪽.

19 엠마 골드만과 페미니즘의 관계에 대해서는 다음의 책을 참고하라. Alix Kates Shulman, ed., *Red Emma Speaks* (Open Road Media, 2012); Penny A. Weiss and Loretta Kensinger, *Feminist Interpretations of Emma Goldman* (Pennsylvania State University Press, 2007).

20 Catharine MacKinnon, *Are Women Human?* (Harvard University Press, 2006).

21 Charlotte Bunch, "Women's Rights as Human Rights", 186.

22 유엔UN 여성 웹사이트는 전 세계 여성의 권리에 관한 사실, 통계, 유엔 문서 링크를 제공한다. http://www.unwomen.org/en/what-we-do

23 재생산권을 둘러싼 고전적인 페미니스트 논의 중 하나는 앤절라 데이비스가 피임 기구와 영구 피임 수술의 남용에 관해 쓴 글로 다음의 책에 실려 있다. Angela Davis, *Women, Race and Class* (Vintage, 1983). 임신 중단에 관한 현대의 정치적 상황에 대해서는 다음의 책을 참고하라. Katha Pollitt, *Pro: Reclaiming Abortion Rights* (Picador, 2014). 다양한 관점에 관해서는 다음의 책을 참고하라. Miranda Davies, ed., *Babies for Sale? Transnational Surrogacy, Human Rights and the Politics of Reproduction* (Zed Books, 2017).

24 소수민족과 종교적 권리에 관한 내용은 다음을 참고하라. Christine Delphy, *Separate and Dominate* (Verso, 2015).

25 Yasmin Rehman, "How have we come to this?", *Trouble & Strife*, April 19, 2016, http://www.troubleandstrife.org/2016/04/how-have-we-come-to-this/

26 Pragna Patel, *The Sharia debate in the UK: who will listen to our voices?*, openDemo cracy, December 14, 2016, https://www.opendemocracy.net/5050/pragna-patel/ sharia-debate-who-will-listen-to-us

27 Ayelet Shachar, "Entangled: family, religion and human rights", *Human Rights: The Hard Questions* (Cambridge University Press, 2013), ed. Cindy Holder and David Reidy, 115~35 .

28 계급, 인종, 유급 가사 노동의 성 정치를 다룬 논의는 다음을 참고하라. Bridget Anderson, *Doing the Dirty Work* (Zed Books, 2000).

29 Human Rights Watch, "Swept under the Rug: Abuses against Domestic Workers around the World", July 27, 2006, https://www.hrw.org/report/2006/07/27/swept-under-rug/ abuses-against-domestic-workers-around-world

30 Amartya Sen, "More Than 100 Million Women Are Missing", *New York Review of Books*, December 20, 1990, http://www.nybooks.com/articles/1990/12/20/more-than-100-million-women-are-missing/

31 Gaëlle Ferrant, Luca Maria Pesando, and Keiko Nowacka, *Unpaid Care Work: The Missing Link in the Analysis of Gender Gaps in Labour Outcomes* (OECD Development Centre, December 2014), 1, http://www.oecd.org/dev/development-gender/Unpaid_ care_work.pdf

32 다음의 기사에서 언급했다. Josh Hafner, "GOP Official in Utah Resigns after Criticizing Equal Pay for Women", *USA Today*, February 20, 2017, https://www.usatoday.com/ story/news/politics/onpolitics/2017/02/20/gop-official-utah-resigns-after-criticiz ing-equal-pay-bill/98155140/

33 바버라 에런라이크의『노동의 배신』은 여성이 압도적으로 많은 직업군에서 저임금 노동자로서 삶을 살아가는 여성의 현실을 꼼꼼히 파헤친다.

34 Ferrant, Pesando, and Nowacka, *Unpaid Care Work*, 10.

35 가사 노동 임금 운동의 역사와 정치에 관한 내용은 다음의 책을 참고하라. Silvia Federici and Arlen Austin, eds., *Wages for Housework: The New York Committee 1972-*

1977; History, Theory, Documents (Autonomedia, 2017).

36   Angela Davis, *Women, Race and Class* (Vintage, 1983), chap. 13.

37   카트리네 마르살의 『잠깐 애덤 스미스 씨, 저녁은 누가 차려줬어요?』는 경제학의 남
      성 중심성에 관한 논의를 쉽게 풀어 쓴 책이다(제목의 질문에 대한 답은 '그의 어머니'
      다. 그녀의 행동은 돈이 아니라 사랑에서 비롯된 것이었다).

38   Huong Dinh, Lyndall Strazdins, and Jennifer Welsh, "Hour Glass Ceilings: Work-Hour
      Thresholds, Gendered Health Inequities", *Social Science and Medicine* 176 (March
      2017), 42-51.

39   Christin L. Munsch, "Her Support, His Support: Money, Masculinity and Marital Infideli-
      ty", *American Sociological Review* 80, no. 3 (2015): 469-95.

40   Susan Brownmiller, *Femininity* (Simon & Schuster, 1984), 15.

41   시몬 드 보부아르, 『제2의 성』, 을유문화사, 2021, 28쪽.

42   슐라미스 파이어스톤, 『성의 변증법』, 꾸리에, 2016, 25쪽.

43   진화심리학적인 주장은 다음의 논문을 참고하라. Anya C. Hurlbert and Yazhu Ling,
      "Biological Components of Sex Differences in Color Preference", *Current Biology* 17,
      no. 16 (August 21, 2007): R623-25. 이에 대한 비판으로는 다음의 글을 참고하라. Ben
      Goldacre, "Pink, Pink, Pink, Pink. Pink Moan", Bad Science, *Guardian*, August 25, 2007,
      http://www.badscience.net/2007/08/pink-pink-pink-pink-pink-moan/

44   에밀 뒤르켐, 『사회학적 방법의 규칙들』, 새물결, 2019, 64쪽.

45   코델리아 파인의 『젠더, 만들어진 성』과 앤절라 사이니의 『열등한 성』은 성차와 젠더
      차이의 과학을 바라보는 페미니스트 관점을 알기 쉽게 전달한다. 여성성에 관한 논의
      중 최근작으로 에머 오툴의 『여자다운 게 어딨어』가 있다. 남성성의 구성에 관한 고찰
      을 살펴보려면 그레이슨 페리의 『남자는 불편해』를 참고하라.

46   Bronwyn Davies, *Frogs and Snails and Feminist Tales* (Hampton Press, 2002).

47   Marianne Grabrucker, *There's a Good Girl: Gender Stereotyping in the First Three
      Years – A Diary* (Woman's Press, 1988).

48   이들이 부모로서 겪은 경험은 책으로 엮여 출간되었다. Ros Ball and James Millar, *The*

Gender Agenda (Jessica Kingsley Publishers, 2017).

49   2016년 가족들은 스톰이 소녀라고 밝혔다. Jessica Botelho-Urbanski, "Baby Storm Five Years Later: Preschooler on Top of the World", *Star*, July 11, 2016, https://www. thestar.com/news/gta/2016/07/11/baby-storm-five-years-later-preschooler-on-top-of-the-world.html

50   이 연구는 언어학자 두 명(Carmen Fought and Karen Eisenhauer)이 수행하고 있다. 그 초기 연구 결과에 대한 설명은 다음을 참고하라. Jeff Guo, "Researchers Have Found a Major Problem with 'The Little Mermaid' and Other Disney Movies", *Washington Post*, January 25, 2016, https://www.washingtonpost.com/news/wonk/wp/2016/01/25/researchers-have-discovered-a-major-problem-with-the-little-mermaid-and-other-disney-movies/

51   Girlguiding, "Girls' Attitudes Survey 2016", https://www.girlguiding.org.uk/globalas sets/docs-and-resources/research-and-campaigns/girls-attitudes-survey-2016.pdf

52   Heather Widdows, *Perfect Me: Beauty as an Ethical Ideal* (Princeton University Press, 2018), 2, 30.

53   Paula C. Morrow, "Physical Attractiveness and Selection Decision Making", *Journal of Management* 16, no. 1 (1990): 45-60.

54   Katarzyna Kościcka, Kamila Czepczor, and Anna Brytek-Matera, "Body Size Attitudes and Body Image Perception among Preschool Children and Their Parents: A Preliminary Study", *Archives of Psychiatry and Psychotherapy* 4 (2016):28-34.

55   Liz Conor, "Dove, Real Beauty and the Racist History of Skin Whitening", *The Conversation*, October 10, 2017, https://theconversation.com/dove-real-beauty-and-the-racist-history-of-skin-whitening-85446

56   Julia Serano, *Whipping Girl* (Seal Press, 2007).

57   이 온라인 댓글들은 다음의 글에서 인용하였다. Lisa Downing, "Safewording! Kinkphobia and Gender Normativity in *Fifty Shades of Grey*", *Psychology and Sexuality* 4, no. 1 (2013): 92-102, https://doi.org/10.1080/19419899.2012.740067

58 Carole Vance, "Pleasure and Danger: Toward a Politics of Sexuality", in *Pleasure and Danger*, ed. Carole Vance (Routledge, 1984), 1.

59 Lucy Bland, *Banishing the Beast: Feminism, Sex and Morality* (I. B. Tauris, 2001).

60 Lynne Segal, *Straight Sex: Rethinking the Politics of Pleasure* (Verso, 2015), xii.

61 Anne Koedt, "The Myth of the Vaginal Orgasm", *Notes from the Second Year* (1970), https://wgs10016.commons.gc.cuny.edu/the-myth-of-the-vaginal-orgasm-by-anne-koedt-1970

62 구트마허 연구소의 주별 정책 보고서에 따르면, 50개 주 중 37개 주는 학교 성교육 프로그램에 금욕에 대한 교육을 포함하도록 요구하고 있으며, 그중 26개 주는 금욕을 "강제"하도록 요구하고 있다. Guttmacher Institute, *Sex and HIV Education* (June 11, 2018), https://www.guttmacher.org/state-policy/explore/sex-and-hiv-education 《뉴욕 타임스》는 2014년까지 전체 중학교의 절반과 고등학교의 4분의 3 이상이 금욕에 초점을 맞춘 성교육을 하고 있다고 보도했다. Aaron E. Carroll, "Sex Education Based on Abstinence? There's a Real Absence of Evidence", *New York Times*, August 22, 2017, https://www.nytimes.com/2017/08/22/upshot/sex-education-based-on-abstinence-theres-a-real-absence-of-evidence.html

63 Joseph Price, Rich Patterson, Mark Regnerus, and Jacob Walley, "How Much More XXX Is Generation X Consuming? Evidence of Changing Attitudes and Behaviors Relating to Pornography since 1973", *Journal of Sex Research* 53, no. 1 (2016): 12-20; Tori DeAngelis, "Web Pornography's Effect on Children", *Monitor on Psychology* 38, no. 10 (2007):50.

64 포르노 또는 "외설" 문화의 주류화는 다음의 책에서 다루고 있다. Ariel Levy, *Female Chauvinist Pigs* (Pocket Books, 2006).

65 강간 문화 현상에 대한 조사는 다음을 참고하라. Kate Harding, *Asking for It* (Da Capo Press, 2015).

66 Lisa Downing, "What Is 'Sex Critical' and Why Should We Care about It?", *Sex Critical* (blog), July 27, 2012, http://sexcritical.co.uk/2012/07/27/what-is-sex-critical-and-

why-should-we-care-about-it/

67 영국의 전염병법 반대 캠페인에 대한 자세한 내용은 다음의 책을 참고하라. Judith Walkowitz, *Prostitution and Victorian Society: Women, Class, and the State* (Cambridge University Press, 1980).

68 다음 절에서는 성매매와 성노동에 대한 페미니스트 논쟁에 대한 간략한 설명을 제공한다. 노르딕 모델을 찬성하는 "폐지론자" 입장에 대한 자세한 내용은 Kat Banyard, *Pimp State* (Faber & Faber, 2016), 반대 주장은 다음의 책을 참고하라. Laurie Penny, *Meat Market* (Zero Books, 2011).

69 Kat Banyard, *Pimp State*, (Faber & Faber, 2016), 69-70.

70 A Southern Women's Writing Collective, "Sex Resistance in Heterosexual Arrangements", in *The Sexual Liberals and the Attack on Feminism*, ed. Dorchen Leidholt and Janice G. Richmond (Teachers College Press, 1990), 141.

71 모니크 위티그, 「누구도 여성으로 태어나지 않는다」, 『모니크 위티그의 스트레이트 마인드』, 행성비, 2020(원문 발표는 1981년).

72 에이드리언 리치, 「강제적 이성애와 레즈비언 존재」, 『우리 죽은 자들이 깨어날 때』, 바다출판사, 2020(다음의 지면에 처음 실렸다. Adrienne Rich, "Compulsory Heterosexuality and Lesbian Existence", *Signs* 5, no. 4, special issue, *Women: Sex and Sexuality* (Summer 1980): 631-60). 페미니스트 시대 이전부터 현재까지 영국에서 살았던 레즈비언 여성들의 경험은 다음의 책에 실려 있다. Rebecca Jennings, *A Lesbian History of Britain* (Greenwood World Publishing, 2007).

73 베티 프리단의 발언과 레즈비언 페미니스트의 반응은 다음의 책에서 다루고 있다. Karla Jay, *Tales of the Lavender Menace: A Memoir of Liberation* (Basic Books, 2000), 137-47.

74 Christina Cauterucci, "For Many Young, Queer Women, *Lesbian* Offers a Fraught Inheritance", *Outward* (blog), *Slate*, December 20, 2016, http://www.slate.com/blogs/outward/2016/12/20/young_queer_women_don_t_like_lesbian_as_a_name_here_s_why.html

75   Shannon Keating, "Can Lesbian Identity Survive the Gender Revolution?", *BuzzFeed*, February 11, 2017, https://www.buzzfeed.com/shannonkeating/can-lesbian-identity-survive-the-gender-revolution

76   Camille Paglia, *Sexual Personae: Art and Decadence from Nefertiti to Emily Dickinson* (Vintage, 1991), 38.

77   찰스 다윈, 『인간의 유래』 2, 한길사, 2006, 495쪽.

78   체자레 롬브로조, 『미쳤거나 천재거나』, 책읽는귀족, 2015, 237쪽. 그는 천재 여성에 관한 논평으로 작가이자 비평가인 에드몽 드 공쿠르의 공로를 인정했지만 그 관찰의 출처는 명시하지 않았다.

79   Antoinette Brown Blackwell, *The Sexes throughout Nature* (Putnam, 1875).

80   앨리스 워커, 『어머니의 정원을 찾아서』, 도서출판 이프, 2004, 271쪽.

81   Susanna White, "A Screen of One's Own" (lecture, Exeter College, University of Oxford, Oxford, UK, March 6, 2017), https://www.directors.uk.com/news/a-screen-of-one-s-own-a-fulbright-lecture-by-susanna-white

82   슐라미스 파이어스톤, 『성의 변증법』, 꾸리에, 2016, 228쪽.

83   Anna Beer, *Sounds and Sweet Airs: The Forgotten Women of Classical Music* (Oneworld Publications, 2016).

84   Mary Ellmann, *Thinking about Women* (Harcourt, 1968), 29.

85   Catherine Nichols, "Homme de Plume: What I Learned Sending My Novel Out under a Male Name", *Jezebel* (blog), August 4, 2015, https://jezebel.com/homme-de-plume-what-i-learned-sending-my-novel-out-und-1720637627

86   시몬 드 보부아르, 『제2의 성』, 을유문화사, 2021, 227쪽.

87   슐라미스 파이어스톤, 『성의 변증법』, 꾸리에, 2016, 230-231쪽.

88   존 버거, 『다른 방식으로 보기』, 열화당, 2012, 56쪽. 여성 재현을 다룬 '다른 방식으로 보기' TV 프로그램 에피소드는 여기에서 볼 수 있다. https://www.youtube.com/watch?v=m1GI8mNU5Sg

89   존 버거, 『다른 방식으로 보기』, 열화당, 2012, 60쪽.

90   이 에세이는 여러 선집에 실렸지만, 다음의 지면에 처음 실렸다. Laura Mulvey, "Visual Pleasure and Narrative Cinema", *Screen* 16, no. 3 (Autumn 1975): 6-18.

91   인종차별과 백인적 응시, 흑인 여성 재현에 관해서는 다음의 책을 참고하라. bell hooks, *Black Looks: Race and Representation* (Routledge, 2015).

92   T. Denean Denean Sharpley-Whiting, *Black Venus* (Duke University Press, 1999), 17.

93   다음의 책은 페미니즘에 대항해 문화 전쟁을 벌이는 대안 우파의 전략을 깊이 있게 분석한다. 앤절라 네이글, 『인싸를 죽여라』, 오월의봄, 2022. 전 세계 페미니스트가 마주한 어려움(최신의 상황은 아니다)을 간략히 설명한 책으로 다음이 있다. Beatrix Campbell, *End of Equality* (Seagull Books, 2014).

94   Jessica Abrahams, "Everything You Wanted to know about Fourth Wave Feminism-but Were Afraid to Ask", *Prospect*, September 2017, https://www.prospectmagazine. co.uk/magazine/everything-wanted-know-fourth-wave-feminism 2010년대 페미니즘의 상황을 학문적으로 평가한 책으로 다음이 있다. Sylvia Walby, *The Future of Feminism* (Polity Press, 2011). 영국 '제4 물결'을 비학술적으로 탐구한 책으로 다음이 있다. Kira Cochrane, *All the Rebel Women* (Guardian Shorts, 2013).

95   Jason La Miere, "Russia Now Treating Feminists as 'Extremists' as Putin Continues Crackdown", *Newsweek*, August 16, 2017, http://www.newsweek.com/russia-extremism-feminism-putin-jehovah-651168

96   Laurie Penny, "How to Be a Genderqueer Feminist", *BuzzFeed*, October 31, 2015, https://www.buzzfeed.com/lauriepenny/how-to-be-a-genderqueer-feminist

97   주디스 버틀러, 『젠더 트러블』, 문학동네, 2008.

98   David Sanderson, "Girls Are Fools to Waste Time on Beauty, Says Zadie Smith", *Times*, August 21, 2017, https://www.thetimes.co.uk/article/girls-are-fools-to-waste-time-on-beauty-says-zadiesmith-pd9jhzzbb

찾아보기

페미니즘

<u>펴낸날</u> 2022년 3월 8일 1판 1쇄
2022년 10월 1일 1판 3쇄

<u>지은이</u> 데버라 캐머런
<u>옮긴이</u> 강경아
<u>펴낸이</u> 김동석
<u>펴낸곳</u> 신사책방
제2019-000062호   2019년 7월 5일
서울시 은평구 은평터널로7길 15   B01호
010-7671-5175   0504-238-5175

sinsabooks@gmail.com sinsabooks.com

<u>ISBN</u> 979-11-975208-2-2 (03330)